Alexia Weiss • Zerschlagt das Schulsystem

Alexia Weiss

ZERSCHLAGT DAS SCHULSYSTEM

... und baut es neu

K&S

Für Fawad,

der mit seiner Familie aus Afghanistan flüchtete, Anfang des Jahres 2017 13-jährig in Österreich ankam, und der trotz des österreichischen Bildungssystems, das ihm vor allem zu Beginn mehr Steine in den Weg legte als ihn zu fördern, dank seines immensen Willens und Fleißes in zweieinhalb Jahren den Pflichtschulabschluss schaffte und im Anschluss eine Handelsschule positiv absolvierte.

Lieber Fawad,
ich bin unglaublich stolz auf dich und das, was du geschafft hast!

Inhaltsverzeichnis

Prolog

Die Unzufriedenheit mit dem österreichischen Schulsystem ist groß: Kinder und Jugendliche sind teils unmotiviert, oft überfordert, manche unterfordert, Letzteres häufig zu Beginn der Volksschule. Der Notendruck gegen Ende der Volksschule belastet Familien, vor allem im städtischen Bereich: Wird das Kind das Einser- und Zweier-Zeugnis bekommen, das es für den Übertritt ins Gymnasium braucht?[1]

In höheren Klassen sind wiederum die Arbeitspensen enorm: Zeit für Hobbys aufzubringen, wie in einem Sportverein zu trainieren oder ein Instrument zu erlernen, ist da nur mehr mit größter Disziplin möglich. Auf der Strecke bleibt entweder der Schulerfolg oder das Sozialleben. Smartphone, Tablet und Laptop ermöglichen zwar, dass die Kids dennoch in Kontakt bleiben, das ersetzt aber nicht gemeinsam verbrachte Freizeit.

Trotz des ständig präsenten Drucks fehlt es am Ende bei vielen an Grundkompetenzen. Defizite beim sinnerfassenden Lesen ziehen sich durch alle Schulstufen und -formen.[2] In den allgemeinbildenden und berufsbildenden höheren Schulen hängt über allen wie ein Damoklesschwert die Zentralmatura. Gelernt wird vor allem für das Fach, das den wenigsten liegt: Mathematik. Dass dieses wichtige Fach immer noch Angstfach Nummer eins ist,[3] macht ebenso wenig froh wie die Tatsache, dass dabei Gegenstände, welche Jugendliche eigentlich interessieren oder in denen ihre Stärken liegen, nebenbei mitlaufen und keine Zeit bleibt, sich darin zu vertiefen.

Zeit und Energie müssen stattdessen ins Kompensieren von Schwächen investiert werden.

Pädagoginnen wiederum sehen sich zwischen allen Stühlen. Sie unterrichten gerne, sehen aber, dass sie einige Schülerinnen einfach nicht erreichen. Sie merken dabei auch, dass sich viele Kinder und Jugendliche durchaus bemühen, aber entweder überlagern familiäre Sorgen die schulischen Belange, sie haben mit psychischen Problemen zu kämpfen, oder es fehlt derart an Basiskompetenzen, dass die Lehrerinnen gar nicht wissen, wo sie anfangen sollen. Auf dem Lehrplan stehen beispielsweise „Inhaltsangabe" und „Leserbrief", doch die Schülerinnen haben Probleme, überhaupt die Texte zu verstehen, die sie zusammenfassen oder über die sie ihre Meinung äußern sollen.

Gleichzeitig sind Pädagoginnen mit einem Wust an administrativen Aufgaben konfrontiert, dazu kommen die Überprüfungen von Bildungsstandards[4] und in den weiterführenden Schulen die Zentralmatura, die zu einer Standardisierung auch von Schularbeiten geführt hat, sodass es wichtiger zu sein scheint, ob ein Text die vorgeschriebene Wortanzahl weder über- noch unterschreitet und einem klar vorgegebenen Aufbau entspricht, als dass Schülerinnen damit zeigen, wie sie kreativ mit Sprache spielen und dabei gleichzeitig dokumentieren können, wie sie Dinge einordnen und Zusammenhänge herstellen. Völlig genormtes Schreiben also: Korsett statt Kreativität.[5] Das frustriert nicht nur Schülerinnen, das frustriert auch viele Lehrerinnen.

Eltern wiederum sehen, wie ihr Kind, weil sie ihm nicht helfen können, keine Chancen in diesem Schulsystem hat. Wie stark strukturelle Diskriminierung im heimischen Schulwesen noch immer präsent ist, zeigte um den Jahreswechsel 2021/22 die Veröffentlichung des aktuellen nationalen Bildungsberichts,[6] der alle drei Jahre vom Bildungsministerium erstellt wird. Demnach bestimmt die soziale Herkunft weiterhin stark die Schullaufbahn. Derzeit wechseln nach der Volksschule insgesamt 38 Prozent der Kinder in eine AHS-Unterstufe. Während der Anteil von Akademikerinnenkindern in der AHS-Unterstufe 50 Prozent beträgt, kommen nur drei Prozent der Kinder aus Familien, in welchen die Eltern maximal über einen Pflichtschulabschluss verfügen.

Was in dem Bericht auch festgehalten wurde: Die Ungleichheit bei der Schulwahlentscheidung ist nur zu einem Drittel durch Leistungsunterschiede zu erklären. Sieht man sich die Mathematikkompetenzen an, lag bei der Bildungsstandard-Überprüfung 2018 der Österreichschnitt bei 551 Punkten.[7] Akademikerinnenkinder, deren Leistung nahe diesem Schnitt lag, traten zu 62 Prozent in eine AHS über. Aber nur 24 Prozent der Kinder, die ebenfalls so einen Wert erreichten, deren Eltern aber höchstens über einen Pflichtschulabschluss verfügten, wechselten an ein Gymnasium. Bei Kindern von Eltern mit einer Lehrausbildung oder einem Abschluss einer berufsbildenden mittleren Schule waren es ebenfalls nur 25 Prozent.

Eltern, deren Tochter oder Sohn es an eine höhere Schule geschafft hat, verzweifeln indessen immer häufiger mit ihrem Kind an den nicht enden wollenden Arbeitsaufträgen, Tests, Schularbeiten, Referaten. Statt mit Freude zu lernen, steht das Abhaken einer ständigen Leistungsschau auf dem Programm. Eltern wollen, dass ihre Kinder in der Schule reüssieren, sie möchten ihre Töchter und Söhne aber vor allem glücklich und zufrieden sehen. Stattdessen hört man von immer mehr Müttern und Vätern: Wir wollen nur eines – unser Kind irgendwie und vor allem psychisch unbeschädigt durch die Schule bringen.

Direktorinnen stöhnen unter dem Administrationsaufwand[8] und verzweifeln je nach Schulform an unterschiedlichsten Widrigkeiten. Wenn die Leiterin an einer Volksschule Klassen mit nahezu keinem Kind mit Deutsch als Erstsprache hat und gerne alles tun würde, um diese Schülerinnen zu fördern, aber weiß, dass das mit 25 Kindern in einer Klasse und viel zu wenig Lehrpersonal nicht möglich ist, dann wird der Versuch, diesen Kindern gerecht zu werden, von Jahr zu Jahr weniger ausgeprägt werden.

Die Covid-19-Pandemie hat den Administrationsaufwand nochmals potenziert: Phasenweise musste der Schulbetrieb immer wieder quasi übers Wochenende neu organisiert werden: Distance Learning für alle, Schichtbetrieb, einzelne Klassen im Fernunterricht. Dazu das Organisieren von Covid-Tests, die Kommunikation mit den Gesundheitsbehörden, ob einzelne Schülerinnen oder ganze Klassen in Quarantäne geschickt werden müssen, immer wieder der Ausfall von Lehrkräften, also Erstellen eines Supplierplans, der sicherstellt, dass dennoch in allen anwesenden Klassen Unterricht stattfindet. Viele Monate wurschtelten die Schulleitungen irgendwie weiter. Inzwischen wurden von den Bildungsbehörden zwar zusätzliche Sekretariatskräfte aufgenommen, doch auch diese können nicht alles abfedern, was sich Tag für Tag an administrativen Notwendigkeiten auftürmt.

Selbst die Bildungsdirektionen in den neun Bundesländern können mit Schulneubauten oder Schwerpunktsetzungen nur an kleinen Schräubchen drehen. Alles steht und fällt mit der Gesetzgebung, und die ist Bundessache. Seit Jahrzehnten gelingt keine große Reform des Bildungssystems. Ganz im Gegenteil, die Covid-19-Krise offenbarte die Defizite des Schulsystems nochmals wie mit einer Lupe und vergrößerte den Gap zwischen Kindern aus Familien mit höherem Bildungshintergrund und jenen, die lerntechnisch auf sich alleine gestellt sind, weiter.[9]

Eine umfassende Reform des Schulsystems tut aber dringend Not, inklusive der elementaren Bildung in den Kindergärten. Wir müssen unseren Kindern gerecht werden und sie bestmöglich auf die Zukunft vorbereiten. Gelingt das nicht, leiden nicht nur die Individuen, es werden auch die gesellschaftlichen Verwerfungen – von höherer Arbeitslosigkeit, daraus resultierender Armut und Kleinkriminalität bis zu einer massiv weiter aufgehenden Schere zwischen Arm und Reich – zunehmen.[10]

Stichwort Arbeitslosigkeit: In vielen Branchen wären die Jobs grundsätzlich da. Doch Menschen, denen Qualifikationen fehlen, um sie auszuüben, stehen immer öfter vor verschlossenen Türen, wenn es um die Verteilung von Arbeit geht. Daran zerbricht das Individuum, das bürdet aber auch der Gesamtgesellschaft die Aufgabe auf, für diese Menschen aufzukommen. Dass unser Sozialstaat dafür sorgt, dass jeder halbwegs ein Auslangen findet (trotz sozialer Unterstützungen fristen dennoch zu viele ein Leben an oder unter der Armutsgrenze), soll absolut so bleiben. Es wäre aber allen gedient, wenn der Staat auch dafür sorgen würde, dass jeder und jede eine adäquate Ausbildung erhält, um sich selbst erhalten zu können.

Dieses Buch möchte eine breite Debatte über eine Reform des Schulsystems in Gang bringen. In den Vordergrund möchte ich dabei nicht die Kritik an all dem rücken, was falsch läuft. Sie wird seit Jahren von Schülerinnen, Lehrerinnen, Eltern und vielen Expertinnen geübt. Verändert hat sich leider wenig.[11]

Im Mittelpunkt dieses Buches soll vielmehr die Vision eines Schulsystems stehen, das unsere Kinder an der Hand nimmt, in den Mittelpunkt stellt und jedem einzelnen von ihnen die besten

Chancen bietet, die sie bekommen können. Schule muss aber auch Entwicklungen in der Gesellschaft Rechnung tragen und mehr mitdenken als nur das Vermitteln von Wissen und Fertigkeiten. Schule muss rundum für das Wohl der Kinder da sein, indem sie auch für psychosoziale Betreuung sorgt und Gesundheitsaspekte mitdenkt und nicht zuletzt mithilft, dass sich Qualifikationen von Männern und Frauen angleichen und damit auch die Einkommensschere zwischen den Geschlechtern kleiner wird.

Die Devise muss heißen: Gleiche Chancen für jedes Kind, egal ob es ein Mädchen oder ein Bub ist oder sich als divers begreift, egal ob es aus einem bildungsnahen oder bildungsfernen Elternhaus kommt, egal ob die Familie über viele oder wenige finanzielle Ressourcen verfügt, egal ob im Elternhaus Deutsch oder eine andere Sprache gesprochen wird.

Dieser Entwurf eines besseren Bildungssystems für alle Kinder ist eine Vision, ein Idealbild, das es anzustreben gilt. Gerne können Sie ihn aber auch als Spiegel lesen: Wenn ich mich für eine Klassenschülerinnenhöchstzahl von 20 ausspreche, bedeutet das, dass die Klassen bei uns derzeit einfach zu groß sind. Und wenn ich für eine Schule für alle, aber mit wesentlich mehr individueller Differenzierung eintrete, dann ist das natürlich eine Absage an die derzeit viel zu früh erfolgende Bildungsentscheidung im Alter von zehn Jahren. Dabei geht es mir nicht nur darum, dass vor allem jene Kinder gut weiterkommen, die von ihren Eltern gut unterstützt werden können. Vielmehr muss diese enorme auch psychische Belastung sowohl für Kinder als auch deren Eltern rund um diesen Schulwechsel ein rasches Ende haben. Habe ich diese Deutschschularbeit gut hinbekommen? Wird das Zeugnis meines Kindes gut genug sein, um in der Wunschschule einen Platz zu bekommen?

Wenn mein Modell eine Ganztagsschule vorsieht, dann bedeutet das wiederum, dass sich die Halbtagsschule gesellschaftlich überlebt hat. Heute sind mehrheitlich beide Elternteile berufstätig. Die Ganztagsschule sorgt nicht nur für die nötige Kinderbetreuung. Die Ganztagsschule übernimmt dann wirklich alles, was für den Lernerfolg eines Kindes nötig ist. Schule findet in der Schule statt, inklusive Üben und, so nötig, Förderung. Und wer das Schulhaus verlässt, kann sich ganz seinen Hobbys, Freunden und Zeit mit der Familie widmen.

Nun werden Sie sicher fragen: Ist die Autorin eine Bildungsexpertin? Warum maßt sie sich an, sich zu diesem Thema zu äußern? Nein, ich bin keine Bildungsexpertin. Aber als Journalistin berichte ich seit den 1990er Jahren immer wieder über Bildungsthemen, und seit den 1990er Jahren verfolge ich, wie jede Bildungsreform wieder nur ein Reförmchen bleibt, wie Expertinnen mit ihrer Forschung gegen Wände laufen und von der Bildungspolitik nicht gehört werden, wie die Bildungslaufbahn eines Kindes weiterhin davon abhängt, in welchem Elternhaus es aufwächst, und wie die zuständigen Bildungsbehörden alles dafür tun, dass die Missstände, die es gibt, möglichst nicht öffentlich thematisiert werden. Direktorinnen und Pädagoginnen tun sich so schwer, Defizite anzusprechen.

Debatten werden dabei oft auch aus Sorge unterbunden, dass sich daraus ein rassistischer Diskurs entwickeln könnte. Spricht eine Direktorin zum Beispiel an, dass vor allem die Kinder mit türkischem oder afghanischem oder somalischem Familienhintergrund in einer bestimmten Klasse das Lernziel in Deutsch schlecht erreichen, wird das politisch beispielsweise von FPÖ-Vertreterinnen entsprechend ausgeschlachtet. Das ist pädagogisch kontraproduktiv, damit ist den betroffenen Kindern nicht geholfen. Gleichzeitig kann aufgrund des Nichtbenennens von Problemen keine Lösung gefunden werden. Hinter dem Schweigen steht also ein lauteres Motiv, doch bringt es niemanden weiter, auch jene nicht, die man so zu schützen versucht.

Ich bin allerdings nicht nur Journalistin, sondern auch Mutter eines Kindes, das derzeit eine AHS-Oberstufe besucht. Und ich bin seit 2015 ehrenamtlich in der Begleitung von Flüchtlingsfamilien aktiv. Die Erfahrungen mit meinem eigenen Kind und den Kindern, deren Eltern nicht ausreichend Deutsch beherrschen, um sich um die schulischen Agenden ihrer Töchter und Söhne zu kümmern, könnten nicht unterschiedlicher sein. In der Klasse des eigenen Kindes ging es in der vierten Klasse Volksschule vor allem um Schularbeitsnoten und das Halbjahreszeugnis. Die Eltern waren angespannt, niemand wollte sein Kind nicht ins Gymnasium schicken können. War dieser Sprung geschafft, kehrte wieder Entspannung ein. Das Wichtigste aber: Zu keinem Zeitpunkt hatte ich den Eindruck, mein Kind würde nicht adäquat behandelt oder es würde ihm nichts zugetraut.

Bei der Begleitung der Flüchtlingskinder musste ich feststellen, wie sehr ihre Schullaufbahn davon abhängt, ob sie jemanden im Hintergrund haben, der sie unterstützt – oder eben nicht. Teils hatte ich den Eindruck, das Urteil über ihren Schulerfolg wurde von manchen Lehrerinnen bereits zu Beginn des Schuljahres gesprochen. Sie wurden abgeschrieben, im übertragenen Sinn aussortiert. Es wurde das Gefühl vermittelt, dass das ja ohnehin nichts werde. Sobald ich mich aber als gut Deutsch Sprechende, als Person, die sich offensichtlich im Bildungssystem auskennt, einschaltete, war plötzlich mehr möglich. Es eröffneten sich Chancen. Es konnte besprochen werden, was dieses oder jenes Kind tun könne, um sich zu verbessern. Es gingen Türen auf. Diese Türen müssen aber für jedes einzelne Kind aufgehen.

Wer mir in den vergangenen Jahren auch begegnet ist: Lehrerinnen, denen ihre Schülerinnen absolut ein Anliegen sind, die aber nicht wissen, wie sie mit der wenigen Unterrichtszeit, die sie selbst in der Klasse haben, all das ausgleichen und beibringen sollen, was den ihnen anvertrauten Kindern fehlt. Vor allem im Pflichtschulbereich kommt dann das Thema Mitarbeit ins Spiel: Mit ihr können die Schülerinnen negativ beurteilte Schularbeiten ausgleichen. Die Mitarbeit ist damit zu einem Vehikel geworden, mit dem wohlmeinende Pädagoginnen Jugendliche durch den Pflichtschulabschluss heben. Sie wollen den Kindern nicht im Weg stehen, ein Pflichtschulabschluss bietet zumindest Optionen.

Nur was ist so ein Pflichtschulabschluss dann wert? Was denkt sich der Lehrbetrieb, wenn ihre Lehrlinge dann nicht imstande sind, ein kurzes Mail fehlerfrei zu formulieren oder einfache Prozentrechnungen durchzuführen? Mit Maßeinheiten sicher umgehen zu können, ist gerade in vielen Lehrberufen essenziell. Im Kundenkontakt braucht es wiederum sehr gute Deutschkenntnisse. So gut es gemeint ist: Den jungen Menschen ist nicht geholfen, wenn sie zwar über einen formalen Schulabschluss verfügen, nicht aber über die Kompetenzen, die sie damit eigentlich vorweisen können sollten.

Genau dafür muss Schule sorgen: dass die Schülerinnen kompetent sind. Dass sie so wesentliche Dinge beherrschen, wie einen Zeitungsartikel zu lesen und ihn auch zu verstehen, Flächen und Volumen und eben auch Prozente zu berechnen oder Basisdialoge auf Englisch zu führen.

Ja, das Schulsystem zu reformieren, wird ein Kraftakt sein. Es müssen Mauern in den Köpfen eingerissen werden, und das braucht

Mut. So ein Prozess braucht aber auch viele Ressourcen. Mit dem Hinweis auf vermeintliche Unfinanzierbarkeit werden Reformvorhaben gern im Keim erstickt. Die Covid-19-Krise hat uns allerdings gezeigt, was möglich ist, an Geld in die Hand zu nehmen, wenn der Hut brennt.

Auch in der Schule brennt der Hut, schon lange. Das Feuer lodert nur nicht so sichtbar. Es macht sich mehr durch viele kleine Brände bemerkbar: Lehrausbildende Betriebe etwa, die keine geeigneten Lehrlinge finden, weil die Bewerberinnen nicht über die geforderten Skills verfügen,[12] Jugendliche, die aus dem Ausbildungssystem herausfallen und über gar keinen Abschluss verfügen,[13] eine starke Zunahme an psychischen Erkrankungen bei Kindern und Jugendlichen,[14] Fachkräftemangel in verschiedensten Branchen.[15]

Denken wir zum Beispiel an den wichtigen Bereich Pflege: Wenn Spitäler Stationen (vorübergehend) schließen müssen, weil es zwar Betten gäbe, aber keine Pflegekräfte, welche die Patientinnen versorgen, dann sind wir über das Es-klingeln-die-Alarmglocken weit hinaus.[16] Und statt dass mehr Betreuungseinrichtungen für Seniorinnen mit Pflegebedarf geschaffen werden, sperren solche Häuser mangels Personal zu.[17] Das sind Probleme, die uns als Gesellschaft alle treffen: Jede von uns kann einmal dringend ein Spitalsbett brauchen. Und wir alle werden eines Tages vielleicht gebrechlich sein und Hilfe benötigen.

Wer eine gerechtere, aber auch eine für die Zukunft gerüstete Gesellschaft möchte, der muss sich für eine Reform des Schulsystems einsetzen. In der Schule wird das Fundament für ein gutes Leben für alle gelegt. In diesem Sinn: Seid endlich einmal mutig und zerschlagt das Schulsystem! Lasst keinen Stein auf dem anderen! Und baut es neu. Völlig neu.

Ein neuer Bildungsbegriff

Wir befinden uns im 21. Jahrhundert, und das nicht erst seit gestern. Das Schulsystem reflektiert zwar einige Realitäten des heutigen Alltags (Stichwort: Digitalisierung, Stichwort: Auseinandersetzung mit Themen wie Rassismus, Identität, Feminismus, Gender), es baut aber in seiner Struktur immer noch auf dem Bildungssystem des 19. Jahrhunderts auf: von einer autoritären Lehrerin-Schülerin-Beziehung (was nicht heißt, dass dies von allen Pädagoginnen so gelebt wird) bis zu Bildungsinhalten, die sich am Ideal einer humanistischen Bildung orientieren.

Die Welt heute ist aber eine gänzlich andere. Zum einen ist lexikalisches Wissen auf Knopfdruck abrufbar. Wozu also weiterhin Schülerinnen mit dem Auswendiglernen und Wiedergeben von Wissen massiv Zeit stehlen, die mit der Vermittlung und dem Erlernen anderer Skills weit besser genutzt wäre?

Schule von heute muss anders sein. Schule muss dem gerecht werden, was wir heute wissen und brauchen.

Die Schule von morgen erklärt, worum es in welcher Disziplin geht, und leitet Kinder und Jugendliche an, wo und wie diese Disziplin dann eingesetzt wird. Sie vermittelt, wie verschiedene Materien miteinander verwoben sind und welch wichtiges Werkzeug die Grundlagen der Chemie, Physik, Biologie, Mathematik etc. sind, um neue Erkenntnisse zu gewinnen.

Sie vermittelt, welche Schlüsse man aus welchen Erfahrungen –

individuellen wie kollektiven – ziehen kann und muss (Geschichte, Philosophie, Ethik, Psychologie etc.). Sie vermittelt aber auch, wo man die Fakten, die man braucht, um sich in ein Thema zu vertiefen, abrufen kann, woran man vertrauenswürdige Quellen erkennt und wie man sich davor hütet, auf Falschinformationen hereinzufallen. Die Schule macht Kinder neugierig und animiert sie zum Fragen, zum Hinterfragen und Infragestellen.

In der Schule wird Kreativität gefördert, weshalb musische Fächer einen größeren Stellenwert haben als derzeit. Der Kunstunterricht erschöpft sich nicht im Reproduzieren vorgegebener Formate. Vielmehr werden Techniken vermittelt und dann zwar Themen vorgegeben, aber es erfolgt kein Vorgriff auf das ideale Ergebnis, wie das derzeit zum Beispiel oft bei Bastelarbeiten in der Volksschule der Fall ist (und alle Kinder gehen dann etwa zum Muttertag mit einer nahezu identen Bastelei nach Hause). Ähnliches gilt für den Werkunterricht, den Musikunterricht, aber auch den Sprachunterricht. Es gibt den nötigen Raum, dass Schülerinnen Sprache so entwickeln können, dass sie sie ganz individuell als kraftvolles Kommunikationstool einsetzen.

Das Lesen ist selbstverständlich ein wichtiger Begleiter. Literatur schafft nicht nur ein Gefühl für die Macht von Sprache, sie erweitert auch den Wortschatz und schafft mit der Darstellung verschiedenster Lebenskosmen eine Horizonterweiterung nicht nur durch Epochen, sondern auch durch verschiedene Lebensrealitäten und Gedankengebäude. Die im Unterricht behandelte Literatur beschränkt sich daher nicht auf Europa und Nordamerika, sondern auch Werke aus Afrika und Asien werden gerne gelesen. Dass so viele Bücher nicht im Original, sondern in einer Übersetzung gelesen werden, spielt keine Rolle.

Es geht aber nicht nur um die Inhalte, die Schule vermittelt. Die Schule begreift sich als Ort, der das Kind in seiner Gesamtheit erfasst, sie pflegt einen holistischen Zugang. Das Bildungssystem ermöglicht endlich tatsächliche Chancengleichheit, und das bedeutet weit mehr, als jedem Kind denselben Zugang zu Wissen und Skills zu ermöglichen.

Derzeit zeigt sich massive Chancenungleichheit in Österreich nicht nur, was die Bildungslaufbahn betrifft, sondern auch, wenn es um die Versorgung von individueller Unterstützung und Förderung im gesundheitlichen Bereich geht. Bei Psychotherapie, Ergotherapie, Logopädie, Physiotherapie mangelt es an gänzlich von der Kasse finanzierten Plätzen. Eltern müssen oft finanziell in Vorleistung gehen, um schließlich von der Kasse nur einen Teil refundiert zu bekommen.

Zuvor gibt es einen mühsamen Spießrutenlauf durchs Gesundheitssystem: Zu welcher Ärztin muss ich gehen, um feststellen zu lassen, was meinem Kind fehlt, wo es Unterstützung bräuchte? Wie komme ich zur Bewilligung der schließlich von der Ärztin verordneten Therapie? Wie finde ich dann die geeignete Therapeutin? Und wie bewerkstellige ich zeitlich all diese Termine? Da geht es dann darum, das Kind wöchentlich zur Therapie zu bringen. Die Eltern müssen aber auch alle zehn Wochen wieder mit dem Kind zur Ärztin, um sich die Verordnung für den nächsten Therapieblock zu holen. Bei den meisten Therapieformen werden zehn Termine bewilligt, und dann beginnt eben alles wieder von vorne: Rechtzeitig um einen Termin bei der Ärztin kümmern, Verordnung bei der Kasse bewilligen lassen.

All das schaffen viele Eltern nicht. Sie erkennen nicht, welche Ursache hinter einem Lern- oder Verhaltensproblem ihres Kindes stecken könnte, und kommen daher gar nicht auf die Idee, das medizinisch abklären zu lassen. Oder sie merken, dass irgendetwas nicht stimmt, wissen aber nicht, wohin sie sich wenden können. Dazu kommt: Kassenärztinnen sind in manchen Bereichen Mangelware – etwa in der Kinderpsychiatrie.[18] In manchen Regionen ist es aber auch schon schwierig, eine Kinderärztin mit Kassenvertrag zu finden.[19] Zu einer Wahlärztin zu gehen, bedeutet die nächste finanzielle Hürde. Viele Familien können sich keine private Zusatzversicherung leisten, die diese finanzielle Mehrbelastung etwas abfedern könnte.

Und da kommen der Kindergarten und die Schule ins Spiel. Sie sind die Orte, an denen sich ein ganzes Expertinnenteam um die Kinder in ihrer Gesamtheit kümmern kann. Hier können Handicaps erkannt und Therapien angeboten werden – für jedes Kind. Damit sind Eltern auch weniger zerrissen zwischen Arbeit und Betreuung des Kindes oder der Kinder. Sie müssen nicht ständig mit ihren Zeitressourcen jonglieren und wissen ihre Kinder zu jedem Zeitpunkt gut versorgt.

So bekommt jedes Kind genau die Förderung und den Unterricht, die es braucht, um sein persönliches Potenzial zu entfalten. Schule darf sich eben nicht nur darauf beschränken zu unterrichten, und das in einer Form, die man umgangssprachlich als „Friss oder stirb" bezeichnen würde. Du kannst meinem Angebot nicht folgen? Pech gehabt. Das Bildungssystem muss jedem Kind schließlich eines ermöglichen: seine Existenz zu bestreiten. Schule muss sich daher ihrerseits bemühen, dass jedes Kind mit einem Abschluss auch jene Qualifikationen erworben hat, die es für ein Reüssieren am Arbeitsmarkt braucht.

Und nein, das bedeutet nicht, dass Schule darauf abzielen soll, Arbeitskräfte für diesen oder jenen Bereich auszubilden, die schließlich im Job möglichst wenig hinterfragen und dann aus Arbeitgeberinnensicht bequeme, weil nicht aufmuckende Arbeitnehmerinnen sind. Nein, in diese Richtung soll es natürlich nicht gehen. Jede Schülerin soll, während sie die Schule durchläuft, so ideal begleitet werden, dass sie merkt, wo ihre Interessen, aber auch ihre Stärken liegen. Am Ende soll sie den für sie idealen Beruf wählen. Auch das trägt dazu bei, dass Arbeitgeberinnen am Ende die jeweils Besten für jeden Job finden. Auch das wäre also individuell wie gesellschaftlich eine Win-win-Situation.

Kindergarten

Institutionelle Bildung beginnt für ein Kind nicht erst mit dem Eintritt in die Schule. Der Kindergarten ist die erste Bildungseinrichtung – auch wenn er in vielen Köpfen immer noch vor allem mit zwei Begriffen verbunden ist: Kinderbetreuung und Spielen.

Der Auftrag, den die Kindergärten derzeit haben, wäre bereits gut. Kinder sollen dort in ihrer jeweils individuellen Entwicklung gefördert werden. Dabei geht es nicht nur um Sprachkompetenz, Feinmotorik, Grobmotorik, Konzentrationsfähigkeit, sondern auch stark um das Miteinander, um soziale Interaktion, um Kreativität und das Wecken und Wachhalten von Neugierde. Allzu oft kann dieser schöne Auftrag derzeit leider nicht erfüllt werden.

Auch wenn eine tiefergehende Ausbildung für Elementarpädagoginnen wünschenswert wäre (siehe eigenes Kapitel), wissen die meisten im Kindergarten tätigen Pädagoginnen, wie sie die Mädchen und Buben in ihrer Gruppe bestmöglich in ihrer Entwicklung unterstützen *könnten*. Der Alltag lässt aber nicht zu, dass sie ihr Know-how auch umsetzen. Eine Reform des Kindergartens muss daher vor allem bei den Rahmenbedingungen ansetzen.

Wer den Elementarpädagoginnen in den vergangenen Jahren die ihnen zukommende Wertschätzung gezeigt und ihnen zugehört hat (die Politik tut dies beschämenderweise nicht in ausreichendem Maß) weiß, was da zu tun ist – und das ist allerhand. Das Wichtigste: den Pädagogin-Kind-Schlüssel massiv zu verbessern. Derzeit gibt es in Gruppen von Drei- bis Sechsjährigen meist eine Pädagogin und eine Assistentin. Sie kümmern sich um bis zu 25 Kinder. Internationale Richtlinien sehen maximal 20 Kinder pro Pädagogin vor.[20] Doch auch das sind immer noch zu viele, wenn man die Kinder gut fördern möchte.

Die Vision sieht so aus:

In einer Gruppe werden bei den Kleineren (unter Dreijährige) maximal zehn, bei den Älteren (drei bis sechs Jahre) höchstens 15 Kinder betreut, und das immer im Team von mindestens zwei Pädagoginnen und einer Assistentin. Pädagoginnen, die in der Gruppe stehen, nennen diese Zahlen als die idealen Richtwerte, vor allem dann, wenn – was derzeit in den meisten Kindergärten der Fall ist – auch Kinder mit nichtdeutscher Muttersprache oder mit kleinen oder größeren Beeinträchtigungen betreut werden. Nur so ist gewährleistet, dass Feinmotorik, Grobmotorik, Sprachentwicklung, die soziale Interaktion, Raum- und Mengenverständnis etc. individuell von den Pädagoginnen im Blick behalten und gefördert werden können.

Dabei geht es nicht darum, die Kinder zu unterrichten oder ein vorgegebenes Programm abzuspulen. In der Elementarpädagogik reicht es, den Mädchen und Buben Impulse zu geben und Möglichkeitsräume zu eröffnen. Kinder lernen spielerisch und quasi von alleine, wenn man ihnen eine ansprechende Umgebung bietet.

Das Spielen mit Bauklötzen und Lego fördert das räumliche Vorstellungsvermögen, Rollenspiele wiederum beleben die soziale Interaktion. Das Zeichnen schult die Feinmotorik, das Kraxeln auf dem Klettergerüst die Grobmotorik. Die Leseecke bietet den Kindern die Möglichkeit, selbst in Bilderbüchern zu blättern und einfache Wörter vielleicht sogar schon selbst zu lesen, oder aber Geschichten von einer Pädagogin vorgelesen zu bekommen.

Auch Vorschulkinder, die schon lesen können, sind für Kleinere vielleicht Motivatorinnen, auch Buchstaben und das Lesen zu erlernen. Nein, es geht dabei nicht darum, schon Vier- und Fünfjährige zu drillen und das Lesen und Schreiben zu lehren. Aber jene Kinder, die bereits Interesse daran zeigen, sollen auch nicht gestoppt werden. Und es gibt viele Kinder, die gerade im Vorschulalter Neugierde entweder für die Buchstaben- oder die Zahlenwelt oder beides zeigen.

Das Wichtigste im Kindergarten: Kein Kind muss etwas tun, aber es erhält viele Angebote, und die Pädagoginnen bemühen sich aktiv, sowohl die Stärken der Kinder zu stärken als auch bei allfälligen Schwächen gegenzusteuern. Spricht beispielsweise ein Mädchen kein oder kaum Deutsch, kann sich eine der Pädagoginnen jeden Tag gezielt zehn Minuten oder eine Viertelstunde nur um dieses Kind bemühen. Wenn in einer Gruppe 15 Kinder von zwei Pädagoginnen und einer Assistentin betreut werden und davon auszugehen ist, dass nicht jedes Kind einen solchen Förderbedarf hat, sollte sich das im Kindergartenalltag gut ausgehen.

Das kann einmal einfach nur die sprachliche Begleitung beim An- oder Umziehen in der Garderobe sein. „Das ist dein Schuh, er ist rot, er hat Klettverschlüsse. Das ist ein Klettverschluss. So öffnest du ihn, so schließt du ihn. Auf und zu. Auf und zu. Das ist deine Jacke. Sie ist gelb, und es ist eine Regenjacke. Sie schützt dich davor, nass zu werden. Sie hat auch eine Kapuze." Das Benennen von Alltagsgegenständen und -tätigkeiten ist ein beiläufiges Sprachtraining, das dem Kind in kurzer Zeit zu einem großen Wortschatz verhilft. Die Pädagogin kann das Kind aber auch gezielt in ein kurzes Gespräch verwickeln und dabei verschiedenste Themen ansprechen. Ein mögliches Vehikel dazu sind Bilderbücher. Zehn Minuten ungeteilte Aufmerksamkeit pro Tag – mehr braucht es nicht. So lernt es immer neue Begriffe, die es dann selbst im Gespräch mit den anderen Kindern verwenden und festigen kann.

Selbst wenn mehr als die Hälfte der Mädchen und Buben einer Kindergartengruppe zu Hause nicht Deutsch spricht, können so alle Kinder bis zum Schuleintritt ein sehr gutes Sprachniveau erreichen. Da Drei- bis Sechsjährige gemeinsam betreut werden, stoßen jedes Jahr ein paar neue Kinder dazu, andere verlassen die Gruppe in Richtung Volksschule. Die beiden Pädagoginnen haben im Schnitt also pro Tag maximal zwei bis drei Kinder intensiver sprachlich zu betreuen: Diese zwei bis drei Mal zehn Minuten sollten sich leicht in einen Kindergartentag einbauen lassen. Im zweiten und dritten Kindergartenjahr wird diese Art der Begleitung schon nicht mehr so intensiv sein müssen. Hier kann die Wortschatzerweiterung auch gut über Themen, über die im Sesselkreis gesprochen wird, beim Vorbesprechen gemeinsamer Ausflüge, über das Erlernen und Singen von Liedern fortgesetzt werden.

Fallen den Pädagoginnen massive Defizite auf, die auf eine Entwicklungsverzögerung oder eine mögliche Erkrankung hinweisen, werden die Eltern frühzeitig informiert, und es erfolgt auch eine Beratung, wohin sie sich nun mit ihrem Kind zwecks Abklärung und allfälliger Therapie wenden können. Angebote wie Logopädie, Ergotherapie, Physiotherapie, aber auch Psychotherapie können allerdings im Rahmen des Kindergartens ebenfalls in Anspruch genommen werden – dazu gibt es (wie auch an den Schulen) eine enge Verzahnung von Bildungs-, medizinischen und psychosozialen Einrichtungen, sodass jedes Kind das bekommt, was es braucht, unabhängig davon, ob die Eltern das organisieren und/oder privat finanzieren können.

Dazu gibt es eine Kooperation mit dem Gesundheitssystem, denn die anfallenden Kosten werden durch die Krankenkassen gedeckt. Für Letztere bedeutet das nicht unbedingt einen massiven Mehraufwand, denn je früher ein Problem erkannt wird, desto rascher und besser kann mit Therapie gearbeitet werden. Je später eine Diagnose gestellt wird, desto schwieriger wird es auch gegenzusteuern, und desto teurer wird eine allfällige Behandlung.

Die Räumlichkeiten bieten ausreichend Platz für Bewegung indoor sowie outdoor. Ins Freie können und sollen Kinder bei jedem Wetter: egal ob es kalt oder heiß ist, regnet, schneit oder der Wind bläst. Sie brauchen jeweils nur die geeignete Kleidung – von Sonnenschutz im Sommer über Regengewand im Herbst bis zu Schneehosen im Winter. Das stärkt das Immunsystem, bietet Kindern vor allem aber auch spielerische Freiräume.

Auch den Allerkleinsten tut es gut, sich unbeobachtet zu fühlen und sich selbst beziehungsweise mit anderen Kindern ohne Vorgaben und Anleitungen zu beschäftigen – dennoch wird natürlich baulich insofern auf Sicherheit geachtet, dass kein Kind das Gartenareal unbemerkt verlassen kann und keine Unbefugten dieses unbemerkt betreten können. Derzeit gibt es in Städten viele Kindergärten, die über keinen eigenen Raum im Freien verfügen. Hier ist zu überlegen, wie etwa Hofbereiche von Parkplätzen zu begrünten Spielarealen umgestaltet werden können.

Und ja, wenn es draußen regnet, kehren die Kleinen gatschverschmiert wieder in die Innenräume zurück. Das erfordert Mithilfe der Eltern, die die Regenhosen und Thermojacken über Nacht waschen müssen, und Einsatz von Reinigungspersonal, das die Garderobenbereiche regelmäßig aufwischt. Aber gerade bei den Jüngsten ist es wichtig, dass das Vermeiden des Sich-oder-etwas-schmutzig-

Machens keine Kategorie ist. Kinder müssen mit allen Sinnen lernen, und sich schmutzig zu machen, gehört da dazu – egal ob das beim selbst Essen passiert (nein, gefüttert zu werden, bringt die Kinder nicht voran) oder in der Sandkiste oder beim Arbeiten mit Ton oder Fingerfarben.

Stichwort Essen: Kinder sollen/dürfen nicht dazu gezwungen werden, Dinge zu essen, die sie nicht mögen. Das heißt aber nicht, dass man nur das serviert, was sie sicher essen: Hühnernuggets, Pommes frites, Nudeln mit Tomatensauce oder Süßspeisen wie Palatschinken oder Kaiserschmarren. Auch an gesundes Essen kann man Kinder gut heranführen: Indem man etwa selbst im Kindergarten-Garten (der auch einfach einmal ein dazu umgestalteter Hinterhof mit Spielplatz und ein paar Hochbeeten sein kann) Obst und Gemüse anpflanzt und sie ins Gießen und Ernten miteinbindet. Indem man schon die Kleinsten dazu ermuntert, Gemüse für die Rohkostjause oder die Mittagssuppe kleinzuschneiden. Indem Fleisch und Fisch ohne Panier, dafür aber mit cremigen Saucen auf den Tisch kommen. Indem der Reis mit Erbsen und anderem Gemüse verfeinert wird und auch ins Nudelsugo Karotten, Zwiebeln, Lauch und Ähnliches hineinkommen. Indem es als Nachspeise ausschließlich Obst und zum Trinken Wasser oder ungesüßte Tees gibt.

Idealerweise wird das Essen jeweils im Kindergarten selbst zubereitet. Dazu gibt es neben einer entsprechend ausgestatteten Küche auch Küchenkräfte, die aber eben – gemeinsam mit den Pädagoginnen – jeden Tag ein paar der älteren Kinder in ihre Arbeit in Form von kleinen Aufgaben wie Gurken in Scheiben zu schneiden oder Tomaten zu waschen oder Mandarinen zu schälen miteinbinden.

Um das möglich zu machen, essen Gruppen gestaffelt. Mehrgängige Menüs stehen nicht auf dem Speiseplan, dafür ausgewogene Mahlzeiten, etwa Rohkost mit Topfen-Schnittlauch-Dip plus Gemüsesuppe, faschierte Laberl mit Salat und Joghurt mit Früchten, Vollkornspaghetti mit Tomatensauce und Parmesan und ungesüßtes Kompott. Da die Mengen, die Klein- und Vorschulkinder essen, überschaubar sind, hält sich der zeitliche und räumliche Arbeitsaufwand für eine zehn- oder 15-köpfige Gruppe in Grenzen. Jedes dieser Menüs gibt einer Handvoll Kinder die Möglichkeit, sich am Kleinschnipseln von Obst und/oder Gemüse zu beteiligen.

Wichtig bereits im Kindergarten: das Erlernen einer konstruktiven Konfliktkultur. „Macht euch das untereinander aus" ist nicht der richtige Ansatz. Und ein Kind stets zu tadeln, während ein anderes egal in welchem Konflikt immer das Unschuldslamm mimt, ist auch mäßig sinnvoll. Im idealen Kindergarten nimmt sich eine Pädagogin in solchen Fällen die Zeit, sich mit allen in den Streit involvierten Kindern hinzusetzen und jedes in Ruhe seine Sicht der Dinge erzählen zu lassen. Die Pädagogin fällt dann aber kein Urteil darüber, wer recht hat und wer nicht, sondern sie moderiert quasi die Lösungsfindung: Indem sie den Kindern Fragen stellt, führt sie sie aus der Sackgasse heraus, in die sie sich manövriert haben, sodass es nicht mehr darum geht, wer Schuld hat, sondern wie man wieder gut miteinander auskommt.

Ja, das alles ist personalintensiv. Und ja, gerade die Kindergärten suchen jetzt schon händeringend Pädagoginnen. Es gibt allerdings genügend ausgebildete Elementarpädagoginnen, heißt es in der Branche. Viele gehen nur erst gar nicht in den Beruf, nachdem ihnen klar wird, dass sie unter den bestehenden Rahmenbedingungen nicht so arbeiten können, wie es ihnen in der Ausbildung beigebracht wurde. (Leider gibt es dazu allerdings keine Statistik.) Andere werfen nach wenigen Jahren das Handtuch. Und dann ist da auch noch das Thema Bezahlung. Wobei, mit wem auch immer man im Bereich Elementarpädagogik spricht: Der Entschluss, dem Kindergarten den Rücken zu kehren, fällt primär wegen der inzwischen unhaltbaren Arbeitsbedingungen. Die zu niedrige Bezahlung wird als geringe Wertschätzung interpretiert, ist aber erst in zweiter Linie Grund, sich nach einem anderen Arbeitsfeld umzusehen.[21]

Kleinere Gruppengrößen kommen nicht nur den Kindern, sondern auch jenen, die sie betreuen, zugute. Wenn zudem gesichert immer zwei Pädagoginnen plus eine Assistentin in der Gruppe sind, kann jeweils eine ohne Bedenken und schlechtes Gewissen selbst oder mit einem Kind auf die Toilette gehen oder eine kurze Pause einlegen, um etwas zu essen und/oder zu trinken. Idealerweise haben die Elementarpädagoginnen in der Arbeitszeit Stunden zur Verfügung, in denen sie pädagogische Angebote wie Ausflüge, Themenschwerpunkte, Bastelarbeiten vorbereiten und organisieren, in denen sie die Entwicklung der Kinder dokumentieren und Elterngespräche führen. Dass ein Teil dieser ebenfalls wichtigen Tätigkeiten entweder abgehetzt zwischen Tür und Angel oder aber zu Hause unbezahlt in der Freizeit erledigt wurden, gehört der Vergangenheit an.

Wer sieht, dass es gut möglich ist, seinen Job im Sinn der Kinder zu machen und dabei auch deren Fortschritte verfolgen kann, wer nicht abends nach Hause kommt und einfach nur froh ist, den Tag überstanden und alle Kinder ohne gröbere Verletzungen den Eltern übergeben zu haben, ist auch für den nächsten und übernächsten Tag motiviert.

Ebenfalls motivierend ist natürlich das Gehalt. Eine gute Bezahlung drückt auch Wertschätzung aus, und die braucht es dringend im Bereich der Elementarpädagogik. Die Zukunft der Kinder sollte es uns wert sein, die Menschen, die sie pädagogisch begleiten und betreuen, adäquat zu bezahlen. Vielleicht finden dann übrigens auch mehr Männer den Weg in diesen Beruf. Den Kindern würden mehr männliche Pädagogen gut tun: Einerseits gehen Männer und Frauen unterschiedlich auf jeweils Mädchen und Buben zu, andererseits unterscheiden sich auch die Aktivitäten, die sie den Kindern anbieten, voneinander.[22] Werden Kinder also von Elementarpädagogen und Elementarpädagoginnen gemeinsam betreut, erhalten sie insgesamt mehr und verschiedene Impulse. Auch das bringt sie in ihrer Entwicklung weiter.

Eine Schule für alle

Wie sieht nun ein neues, allen Kindern gerecht werdendes Schulsystem aus? Sobald ein Kind sechs Jahre alt ist, beginnt es in die Schule zu gehen. Es gibt kein früheres Einschulen und kein späteres, weil so gut differenziert werden kann, dass die Schule allen gerecht wird. Diese Schule besucht das Kind, bis es entweder den Pflichtschulabschluss abgelegt hat und eine Lehrausbildung beginnt oder in eine berufsbildende Bildungseinrichtung wechselt, oder aber bis es die Matura ablegt (wobei es die Matura in der heutigen Form nicht mehr gibt, aber dazu später). Ja, das ist eine Gesamtschule. Aber nein, über einen Kamm geschoren wird, wie Gegnerinnen einer solchen Schulorganisation stets fürchten, hier niemand, im Gegenteil.

Die Grundidee: Der Schulcampus bietet den Jüngeren die Geborgenheit, die sie brauchen, und den Älteren jene Freiheit, die sie benötigen, um als Persönlichkeit wachsen und ihre Stärken entwickeln zu können. Unterrichtet werden an einem solchen Campus je nach örtlichem Bedürfnis und räumlichen Möglichkeiten, die dafür nötigen Schulbauten zu errichten beziehungsweise bestehende entsprechend zu adaptieren, zwischen mehreren hundert und bis zu maximal 2.000 Schülerinnen.

Beibehalten wird die Struktur der Klasse, die Höchstschülerinnenzahl sollte dabei allerdings 20 Kinder oder Jugendliche nicht überschreiten. Je jünger die Schülerinnen sind, desto mehr gemeinsamen Unterricht gibt es: von Bewegung bis zu Ernährungslehre und Kochen, von Sachunterricht und dem Erlernen des Umgangs mit Laptop und Tablet bis zu kreativen Stunden mit Kunst, Schauspiel, Musik. Je älter Schülerinnen werden, desto individualisierter wird ihr Stundenplan.

Parallel zum Lernen in der Klasse gibt es dazu ein Kurssystem. Die Jüngeren (etwa Lernjahr eins bis vier, entsprechend der derzeitigen Volksschule) erlernen dort in ihrem jeweiligen Tempo Lesen, Schreiben und Rechnen sowie Englisch und werden, so ihre Muttersprache nicht Deutsch ist, auch in ihrer Muttersprache alphabetisiert. Bei den Älteren (ab Zehnjährige, analog der heutigen Sekundarstufe) erlaubt das Kurssystem eine den Stärken und Interessen entsprechende Schwerpunktsetzung, nach und nach gibt es immer weniger Stunden im Klassenverband. In den beiden letzten Jahren vor der Matura werden nur mehr gemeinsame fächerübergreifende Projekte im Rahmen der Klasse bearbeitet, sodass der Großteil des Unterrichts dann im Kursmodus absolviert wird.

Für Bildungsabschlüsse – also den Pflichtschulabschluss, mittlere berufsbildende Ausbildungen sowie die Matura – werden Vorgaben definiert, die zu erreichen sind. Das betrifft einerseits die Fächer, die bis zum jeweiligen Abschluss belegt werden müssen (wie etwa Deutsch, Mathematik, Englisch). Das betrifft andererseits das Level, das in einem Fach erreicht werden muss. Dafür wird einerseits ein Mindeststandard definiert. Das könnte zum Beispiel heißen, dass für das Ablegen der Matura in Englisch auf alle Fälle das Level B2 entsprechend des Gemeinsamen Europäischen Referenzrahmens für Sprachen[23] zu erreichen ist.

Je nach späterem Wunschstudium können aber darüber hinaus Gegenstände und Levels festgelegt werden, die dann zum Studienbeginn berechtigen. Ein Beispiel: Für ein Geschichtestudium wird dann ein niedrigeres Mathematiklevel benötigt als für ein Physik- oder Informatikstudium. Für das Studium der Sprachwissenschaft müssen wiederum zwei Fremdsprachen auf C1-Level nachgewiesen werden. Wer Pharmazie studieren möchte, wird gute Chemiekenntnisse brauchen. Für andere wird ein kurzes Hineinschnuppern in den MINT-Kanon ausreichen, um die Bedeutung dieser Wissenschaftsdisziplin richtig einordnen zu können. Im Projektunterricht kann den Schülerinnen dann die Chemie wieder begegnen, da dort Themen immer multiperspektivisch vermittelt und erarbeitet werden.

Um dennoch allen Maturantinnen jeden weiteren Bildungsweg offenzuhalten, gibt es eine enge Verzahnung mit Universitäten und Fachhochschulen. Jedes Maturazeugnis berechtigt somit zu jedem Studium. Wem dann, weil er sich in seiner Studienwahl doch umentschieden hat, noch Qualifikationen fehlen, kann diese in einem Brückenjahr zwischen Matura und Hochschule nachholen. Entsprechende Vorbereitungslehrgänge an Unis und Fachhochschulen führen an das jeweilige Studium heran. Der Zugang zu diesen Vorbereitungslehrgängen muss allen mit Matura offenstehen. Ist in einer Studienrichtung eine Aufnahmeprüfung vorgesehen, darf diese erst nach diesem Brückenjahr stattfinden.

Ein solches Jahr werden allerdings die wenigsten angehenden Studierenden brauchen, da jedes Kind von Schulbeginn an intensiv von einem Coach begleitet wird, der kontinuierlich den Schulerfolg, aber auch die physische und psychische Gesundheit sowie soziale Faktoren im Blick hat und die individuelle Fächerauswahl von Jahr zu Jahr gemeinsam mit dem Kind entwickelt.

Ein Coach für jedes Kind

Gleiche Chancen für jedes Kind: Um dies zu ermöglichen, gibt es für jede Schülerin eine Person, die sie im Blick hat und sie durch die Schullaufbahn begleitet. Das beginnt bei einer – spielerisch gestalteten – Testung vor der Einschulung und endet bei der Wahl des weiteren Ausbildungswegs nach Absolvierung des Pflichtschulabschlusses oder der Matura. In den USA ist das *School Counseling* bereits lang gelebte Praxis.[24] In Österreich braucht es einen völligen Neuaufbau eines solchen Systems (die bereits bestehenden Beratungslehrerinnen haben derzeit eine völlig andere Aufgabe, sie werden vorrangig in Krisensituationen beziehungsweise bei sogenannten „Problemfällen" hinzugezogen), das aber, anders als in den USA, auch tatsächlich Chancengleichheit umsetzt. Dazu muss es wesentlich intensiver ausgestaltet werden, als dies beim amerikanischen Vorbild der Fall ist.

Als Ausbildung bringen Coaches idealerweise ein Psychologiestudium sowie die Ausbildung zur klinischen Psychologin und eine Schulung im Bereich Bildungsberatung mit. Sie betreuen stets Kinder und Jugendliche quer durch die Schulstufen und kümmern sich um maximal 30 Schülerinnen. So ist gewährleistet, dass jedes Kind die Unterstützung bekommt, die es braucht.

Im ersten Gespräch vor der Einschulung wird einerseits festgestellt, ob das Kind zum Beispiel schon lesen kann oder nicht, wie groß der Wortschatz ist, ob Grammatik und Syntax mündlich beherrscht werden, ob es bereits im Zahlenraum zehn rechnen kann oder nicht. Entsprechend kann dann eine Einteilung zu einem passenden Kurs in Deutsch und Rechnen erfolgen. So werden Kinder ohne Vorkenntnisse nicht überfordert und können in ihrem Tempo lernen. Kinder, die bereits Grundfertigkeiten im Lesen oder Rechnen haben, werden dann auch dort abgeholt, wo sie bereits stehen, bleiben weiter motiviert und entwickeln nicht aufgrund von Unterforderung Verhaltensauffälligkeiten.

Andererseits kann sich der Coach ein Bild davon machen, ob das Kind über Kenntnisse in einer weiteren Sprache oder sogar mehreren weiteren Sprachen verfügt. Wird zum Beispiel im Elternhaus Türkisch oder Dari oder Arabisch oder Ukrainisch gesprochen, kann das Kind durch Muttersprachenunterricht, der von Pädagoginnen mit einem Lehramt für diese Sprache durchgeführt wird, unterstützt werden. Das zeigt einerseits Wertschätzung für andere Herkunftssprachen als Deutsch, was wiederum den Selbstwert der Schülerinnen hebt. Das verbessert andererseits aber auch den Sprachschatz für die Gesellschaft. Je kompetenter sich Menschen in Sprachen bewegen können, desto besser ist das für sie individuell, aber auch für den Arbeitsmarkt.

Der Coach sieht sich aber nicht nur Kompetenzen im Bereich Sprachen sowie Mathematik an. Er macht sich auch, und das über die ganze Schulzeit hinweg, ein Bild, ob es zum Beispiel Förderbedarf in Richtung Ergotherapie, Logopädie, Legasthenie gibt, ob das Kind Unterstützung in Form von Psychotherapie, Sozialarbeit oder (noch nicht zu Schulbeginn, aber später) Nachhilfe in Form von Förderkursen an der Schule benötigt.

Über die Jahre lernt ein Coach die vom ihm betreuten Schülerinnen durch viele Einzelgespräche (im Idealfall mindestens jede zweite Woche ein halbstündiger Termin mit jedem von ihm betreuten Kind) so gut kennen, dass er weiß, wo die Interessen jeder Schülerin liegen, wo die Stärken, wo die Schwächen. Er ist mit allen Pädagoginnen, aber auch den Eltern in ständigem Austausch, sodass auf einen plötzlichen Leistungsabfall oder eine Verhaltensänderung rasch reagiert werden kann. Interventionsmöglichkeiten von eben Ergo- bis Psychotherapie und Förderunterricht stehen am Schulstandort zur Verfügung.

Der Coach entwickelt mit den einzelnen Schülerinnen ab dem ersten Schuljahr jeweils im Frühsommer das Fächerportfolio für das Wintersemester und im Winter das Portfolio für das Sommersemester. Kann die Erstklässlerin bereits vor Schuleintritt lesen? Dann kann sie in Deutsch bereits ein höheres Kurslevel belegen als eine Mitschülerin, die erst die Buchstaben kennenlernen muss. Kann eine Zwölfjährige im laufenden Semester das aktuelle Mathematiklevel nicht abschließen? Dann gibt es sofort zusätzlichen Förderunterricht. Fruchtet dieser auch nicht, dann steht dieses Level im kommenden Semester erneut auf dem Stundenplan. Für jeden Bildungsabschluss gibt es ein Mindestlevel, das erreicht werden muss. Das System ist aber so konzipiert, dass bis zu zwei Levels wiederholt werden können, ohne dass die Schülerin ein Jahr verliert (siehe auch „Klassenunterricht plus Kurssystem" und „Ein anderes Beurteilungsdenken".)

Interessiert sich die Schülerin gar nicht für MINT-Fächer und hat bereits das für das Ablegen der Matura nötige Mindestausmaß bei diesem Fächerbündel erreicht, wird der Coach mit der Jugendlichen durchgehen, welche Studien ihr mit diesem MINT-Level ohne weitere Zusatzprüfung offenstehen. Findet sich das Wunschstudium nicht darunter? Damit kann eruiert werden, ob es dennoch nötig sein wird, MINT-Fächer zu belegen, oder sie eben nicht mehr auf dem Stundenplan stehen müssen. Ist eine Schülerin dagegen besonders interessiert an Kunst oder Deutsch oder Geschichte, können vertiefende Stunden in diesen Fächern in das individuelle Unterrichtsprogramm aufgenommen werden. Das gilt umgekehrt auch für besonders am MINT-Bereich Interessierte.

Der Coach ist zudem auch Ansprechpartner, wenn die Kinder Probleme mit Mitschülerinnen, Pädagoginnen, aber auch der Situation zu Hause haben oder wenn die Schülerinnen selbst das Gefühl haben, sie kommen in einem ihrer Kurse nicht mehr mit. Mit ihm kann auch besprochen werden, ob es für die Eltern finanziell schwierig ist, für einen Ausflug, den Schikurs, nötige neue Turnschuhe für den Sportunterricht oder die Sprachwoche im Ausland zu bezahlen.

In solchen Fällen erfolgt dann eine Finanzierung oder Co-Finanzierung über den Elternverein (wie es bereits jetzt an vielen Schulen gelebte Praxis ist), Spenden oder Funding (dafür müssten die Schulen entweder über die Schulleitung oder ebenfalls über den Elternverein entsprechende Strukturen aufbauen). In der Praxis zahlen viele Eltern gerne ein klein wenig mehr für die Klassenfahrt ihres Kindes, wenn so auch die Reise für jene, die sich damit schwertun, ermöglicht werden kann. Dabei muss immer das Prinzip der Freiwilligkeit und Anonymität gelten. Niemand muss geben, jeder kann, niemand muss deklarieren, ob er spendet oder nicht, aber auch nicht, ob er auf Hilfe angewiesen ist oder nicht. Der Coach würde jener Instanz, die für diesen Zweck Mittel zur Verfügung hat beziehungsweise sammelt (Elternverein, Schulleitung), nur rückmelden, dass er für eine der von ihm betreuten Schülerinnen eine gewisse Summe für eine Schulveranstaltung benötigt.

Im Idealfall werden die Coaches über die Jahre die Vertrauensperson der Kinder und Jugendlichen, um die sie sich kümmern, und zu denen die Schülerinnen auch kommen können, wenn sie von anderen gemobbt werden, wenn sie – innerhalb oder außerhalb der Schule – verbale oder physische Gewalt erfahren, wenn sie Erkrankungen wie Allergien oder psychische Probleme entwickeln und Guidance brauchen, wie sie damit im Schulalltag umgehen können. Coaches vermitteln in diesem Fall zwischen Pädagoginnen und Schülerinnen, Eltern und Schülerinnen, Schülerinnen und Mitschülerinnen.

Coaches stellen sicher, dass die Interessen des einzelnen Kindes im Mittelpunkt stehen, dass jedes Kind sein Potenzial entfalten kann und bestmöglich gefördert wird. Sie sorgen gleichzeitig dafür, dass jedes Kind motiviert ist, sein Bestes zu geben – wobei die Maxime lauten muss: Es geht nicht darum, die Beste zu sein, sondern eben sein individuell mögliches Bestes zu geben.

In die Zuständigkeit eines Coaches fällt dabei auch, für Schülerinnen mit besonderen Bedürfnissen aktiv und vorausschauend eine möglichst ideale Lernumgebung zu schaffen. Bei einem hyperaktiven Kind wird es von Vorteil sein, mehr als eine Bewegungsstunde am Tag zu ermöglichen. Besonders lärmempfindliche Schülerinnen benötigen wiederum Pausen, in denen sie sich in einen Ruheraum zurückziehen können. Bei einer Schülerin mit Bewegungseinschränkungen wird es ratsam sein, für kurze Wege zwischen den verschiedenen Unterrichtsorten zu sorgen.

Nun könnte man zwar sagen: Im Berufsleben wird das dann auch nicht so funktionieren. Ja, das stimmt. Wenn allerdings Schülerinnen ihre Lernziele nicht erreichen, obwohl dies durchaus möglich gewesen wäre, wäre man nur etwas mehr auf sie eingegangen, ist das schade. Und vermeidbar. Das hyperaktive Kind könnte sich dann besser regulieren und wird vielleicht nicht ständig von der

Lehrerin zurechtgewiesen, dass es endlich stillsitzen und sich konzentrieren soll, und bekommt dann auch nicht in Folge ob seiner Ohnmacht, weil es das ja nicht absichtlich macht, sondern nicht anders kann, einen Wutanfall.

Dazu kommt: Wenn Kinder ständig erfahren, dass sie anders sind und daher um dieses und jenes bitten müssen und spüren, dass das von Pädagoginnen, aber auch Schulkolleginnen als belastend empfunden wird, dann stellt sie das automatisch an den Rand der Gruppe und nagt am Selbstwertgefühl. Im Idealfall allerdings erfährt jedes Kind, dass es genau so richtig ist, wie es ist. Und es wird mit der Zeit lernen, was es braucht, um sein Potenzial gut zu entfalten. Beides kann zum Bildungserfolg beitragen.

Wer ständig an sich zweifelt, wer ständig erfährt, dass er aus dem Rahmen fällt, wird gehemmt, seine Stärken zu erkennen und diese auszubauen. Im weiteren Leben wird die Schülerin allerdings vor allem von ihren Stärken weitergetragen werden. Im Erwachsenenleben gelingt es uns gut, die Schwächen auszublenden. Wir suchen uns idealerweise einen Beruf aus, der uns interessiert und in dem wir eben unsere Talente einsetzen können. Eine Schule, die im Feedback an Schülerinnen und Eltern stets die Defizite hervorstreicht und die Stärken als gegeben annimmt und kaum thematisiert, ist da kontraproduktiv.

Die Coaches sind in der Schulorganisation stark in die Stundenplangestaltung miteingebunden. Sie geben einerseits den Bedarf an Kursen für die von ihnen betreuten Kinder weiter und sorgen andererseits dafür, dass sich aus dem dann vorhandenen Angebot jeweils eine Stundenplankombination aus Klassenunterricht, Kursstunden sowie individueller Förderung zusammenstellen lässt. Sie können – nach Maßgabe der Qualifikationen und Interessen der am Standort tätigen Pädagoginnen – auch das Kreieren neuer Unterrichtsangebote anstoßen, wenn sie bei einem oder mehreren Schülerinnen Interesse und Bedarf feststellen.

In der Realität wird es da natürlich Grenzen geben: Spezialisierte Kurse können nur dann angeboten werden, wenn es einerseits von Schülerinnenseite genügend Teilnehmerinnen und von Lehrerinnenseite entsprechend qualifizierte Expertinnen für dieses oder jenes Thema gibt. Die Coaches loten also jedes Semester im Sinn der von ihnen betreuten Schülerinnen gemeinsam mit der Schulleitung und dem Lehrerinnenteam die Möglichkeiten aus und finden schließlich Kompromisse.

Klassenunterricht plus Kurssystem

Gemeinsamer Unterricht fördert die Gemeinschaft und soziales Lernen. Dieser findet in der Stammklasse statt – dort ist man mit bis zu 19 Gleichaltrigen zusammen, so können sich intensive Freundschaften entwickeln. Hier ist es nicht wichtig, wer mehr oder weniger lernstark ist. In der Stammklasse wird auch nur nach dem Prinzip „ausreichend anwesend" beurteilt.

Ein Kurssystem bildet die zweite Säule des Unterrichts: Es sorgt für Individualisierung und stellt sicher, dass jedes Kind bestmöglich gefordert und gefördert wird. Schwächen spielen nur insofern eine Rolle, als es für jeden Schulabschluss ein Mindestlevel in allen für diesen Abschluss nötigen Gegenständen braucht und, um dieses zu erreichen, auch Förderunterricht angeboten wird. Im Zentrum steht aber bei jedem Kind dessen Stärkenprofil: Dort kann es sich entfalten, dort wird es gefördert. Der Unterricht im Kursformat ist als Lernen in der Kleingruppe konzipiert. Ein Kurs darf von maximal zehn Schülerinnen belegt werden.

Ist ein Kind besonders sprachbegabt, kann eine zweite oder dritte Fremdsprache ins Kursportfolio aufgenommen werden. Die Schulleitung sorgt also dafür, dass es im Pädagoginnenteam auch über Lehrerinnen in verschiedenen Sprachen verfügt, wobei idealerweise Native Speakers mit Lehramt eingesetzt werden. Mit dem Fremdsprachenunterricht kann auch schon, wenn das Kind über entsprechende Freude am Lernen verfügt, im Volksschulalter begonnen werden. Aus der Bildungsforschung ist bekannt, dass Kinder, je jünger sie sind, desto leichter neue Sprachen erlernen und diese dann auch eher akzentfrei sprechen als bei einem späteren Lernbeginn.[25] Genau deshalb muss es für alle Kinder bereits ab der ersten Klasse Englischunterricht geben, der über das Singen von Liedern oder das Erlernen von Zahlen und Farben weit hinausgeht.

Andere Schülerinnen, die in einer Sprache nach mehreren Lernjahren bereits ein fortgeschrittenes Level erreicht haben, können sich mit ihrem Coach statt für eine weitere Fremdsprache aber auch für die Vertiefung in der bereits gut beherrschten Sprache entscheiden. Das kann dann ein Lektürekurs (zum Beispiel „Französische Literatur des 20. Jahrhunderts“) oder ein Filmkurs (zum Beispiel „Jane-Austen-Verfilmungen in Originalfassung“) oder ein Schreibkurs (zum Beispiel „Creative Writing“) oder aber auch ein Kochkurs (zum Beispiel „Streifzug durch die mexikanische Küche“ mit Spanisch als Unterrichtssprache) sein.

Wichtige Bestandteile des Unterrichts im Klassenverband sind einerseits der Erwerb von Kompetenzen im Bereich von Demokratie und Konfliktmanagement, andererseits die Kooperation bei disziplinenübergreifenden Projekten.

Demokratie und Konfliktmanagement: Hier werden Kinder von klein auf herangeführt, wie man zu gemeinsamen Entscheidungsfindungen kommt, wie man Debatten führt, bei denen der jeweilige Standpunkt vermittelt wird, man aber gleichzeitig auch jenen des Gegenübers stehen lassen kann. Die Schülerinnen lernen, vor anderen zu sprechen, zu argumentieren, Ideen zu entwickeln und zu formulieren und später gemeinsam Projekte zu entwerfen und umzusetzen.

Der Projektunterricht wiederum gibt Pädagoginnen die Möglichkeit, Themen fächerübergreifend zu vermitteln, wobei die Kinder von klein auf so stark eingebunden werden, dass sie sich ihre Erkenntnisse – unter Anleitung – selbst erarbeiten. Wird jedes Semester ein solches Projekt pro Klasse geplant, ist es stundenplantechnisch auch jeweils möglich, das dafür passende Lehrerinnenteam zusammenzustellen. Involviert sein sollten jeweils drei Disziplinen: Wenn es um ein Projekt zum Thema Klimaschutz geht, können diese Biologie, Chemie und Geografie sein. Wenn es um ein Projekt zum Thema Identität geht, können diese Geschichte, Ethik und Biologie sein. Über die Jahre erhalten die Kinder so ein Gespür für gesellschaftlich relevante Fragen und lernen gleichzeitig, vernetzt zu denken.

Bei den Jüngeren finden kreative und Bewegungseinheiten im Klassenverband statt, werden aber so gestaltet, dass jeder und jede Einzelne dabei gut integriert wird. Das heißt etwa Bewegungs- und Ballspiele oder Tänze, die allen Freude machen, statt Seilklettern oder Über-den-Kasten-Springen oder Runden-gegen-die-Stoppuhr-Laufen. Das bedeutet im Kunstunterricht Aufgaben zu stellen, die jeder individuell ausführen kann, ohne konkrete Vorgaben und Vorlagen (die auch die Kreativität hemmen und nicht fördern). Es werden ein Thema und Materialien, die verwendet werden dürfen, vorgegeben – mehr nicht. Und jedes Ergebnis wird wertschätzend besprochen, indem sich die Pädagogin im Gespräch mit dem Kind anhört, welche Geschichte sich das Kind dazu ausgedacht hat und was es damit erzählen möchte.

Je älter die Schülerinnen werden, desto mehr an Unterricht findet in Form von Kursen statt. Besonders kreativ Interessierte können dann zum Beispiel spezialisierende Kurse wie „Porträtzeichnen“, „Aquarell“ oder „Keramik“ belegen. Andere entscheiden sich lieber für einen Kurs, der Theoretisches vermittelt, wie „Das Frauenbild durch die Jahrhunderte anhand von Gemälden“ oder „Gesellschaftskritik in der Bildenden Kunst“. Wieder andere interessieren sich für ein Musikinstrument und erlernen dieses an der Schule, singen im Schulchor oder sind Teil des Schauspielensembles.

Es liegt jeweils in der Autonomie eines Schulstandorts, Formate zu finden, mit welchen die Schülerinnen bestmöglich motiviert werden können, und die auch an ihre Lebenswelten anschließen. Jugendliche in ländlichen Gegenden werden sich von anderen Themen angesprochen fühlen als Gleichaltrige in der Großstadt. Das soll sich auch im Unterrichtsangebot widerspiegeln. Da für das Ablegen des Pflichtschulabschlusses, der mittleren berufsbildenden Abschlüsse sowie der Matura Kernfächer sowie Mindestlevels definiert werden (siehe auch „Ein anderes Beurteilungsdenken“), ist dennoch gewährleistet, dass jede Schülerin ihren gewünschten Bildungsweg (Lehre, Studium) beschreiten kann.

Kindern und Jugendlichen bleibt so einerseits der sichere Hafen im Klassenverband und andererseits die Möglichkeit, die eigenen Interessen zu vertiefen und die individuellen Stärken auszubauen. Gleichzeitig erlernen sie so auch, ihr soziales Netz weiter zu knüpfen. Freundschaften können mit Kindern und Jugendlichen nicht nur aus anderen Klassen, sondern auch aus anderen Jahrgängen geschlossen werden. Denn im Kurssystem kann ein sehr mathematisch begabtes achtjähriges Mädchen dann schon auch einmal mit einem zehnjährigen Buben gemeinsam Mathematikunterricht erhalten. Der Bub wiederum tut sich vor allem im Bereich Informatik hervor und hat in diesem Bereich schon ein höheres Level erreicht. Und niemand beäugt den anderen dafür komisch, dass er älter oder sie jünger ist.

Der Fächerkanon

Das Unterrichtsangebot an der Schule der Zukunft wird völlig neu strukturiert. Faktenwissen tritt seit Jahren in den Hintergrund – alles ist heute elektronisch auf Knopfdruck verfügbar. Was dagegen immer wichtiger wird, ist einerseits ein vernetztes, selbstständiges und lösungsorientiertes Denken, andererseits das Erkennen von vertrauenswürdigen Quellen. Wer Wissen nicht mehr auswendig parat hat, muss wissen, wo er es verlässlich abrufen kann, ohne falschen Darstellungen aufzusitzen. Man muss Dinge einordnen können: Dazu braucht es ein Grundwissen über geschichtliche Epochen, über Geografie, naturwissenschaftliche Erkenntnisse, aber auch gesellschaftliche Entwicklungen.

Gleichzeitig braucht es sehr gute Kompetenzen in Grundfertigkeiten wie Lesen, Schreiben, sich mündlich verständlich machen zu können und Inhalte spannend zu präsentieren. Die Grundrechenarten und das Prozentrechnen müssen für einen Pflichtschulabschluss beherrscht, Grundzüge von Statistik verstanden werden. Sattelfest müssen die Jugendlichen aber auch im Umgang mit Computer-Software von Word über Photoshop bis PowerPoint, von Zoom bis Excel sein. Wie schneide ich ein kurzes Video? Wie bearbeite ich ein Foto? Wie erstelle ich eine Textdatei? Welche Copyright-Fragen muss ich beachten? Aber auch: Welche Inhalte stelle ich ins Netz, welche nicht, und wo muss ich aufpassen, um mich nicht in Gefahr zu bringen? Der Computer muss daher – wie das Lineal, der Bleistift – ab der ersten Klasse im Unterricht als Werkzeug eingesetzt werden. Und jedes Kind muss lernen, sich kompetent und sicher im Internet zu bewegen.

Ein anderes Thema, das in den Bereich Grundfertigkeiten fällt, betrifft die Dos und Don'ts im Bereich des Auftretens und Umgangs mit anderen Menschen. Das umfasst den diskriminierungsfreien Umgang mit Gleichaltrigen ebenso wie das Unterscheiden von privaten und beruflichen Kontexten. Ein Mail an eine Freundin wird anders formuliert als eines an einen potenziellen Lehrbetrieb.

Kinder an österreichischen Schulen kommen heute aus verschiedensten Kulturen. Dem wird Rechnung getragen. Ein Bub, der im Elternhaus andere Werte vermittelt bekommt, als sie in der Mehrheitsgesellschaft gelebt werden, kann das entweder als Hinkelstein sein Leben lang mit sich herumschleppen, oder er lernt in der Schule, was hier von ihm erwartet wird, ohne dass dabei seine Herkunftskultur heruntergemacht wird. Auch so werden Kindern Chancen eröffnet oder, falls sich die Schule nicht zuständig fühlt, verwehrt. Österreich ist jedoch eine Zuwanderungsgesellschaft, und genau das denkt ein zukunftsfittes Bildungssystem auch mit – auf vielen Ebenen, nicht nur auf der Ebene des Spracherwerbs.

Fächerbereiche, die für alle unterrichtet werden, sind: Deutsch, Englisch, Mathematik, Geschichte, Geografie, Ethik, MINT-Kanon (Naturwissenschaften), Informatik (im Sinn von: Umgang mit Programmen), Bewegung, Kunst, Musik. Einige dieser Fächer werden im Kurssystem auf dem jeweils individuell passenden Level unterrichtet (wie Deutsch, Englisch, Mathematik). Andere werden in den unteren Klassen gemeinsam vermittelt (wie Geschichte, MINT, Informatik), in den höheren Klassen dann entweder individuell vertieft, auf ein höheres Level hingearbeitet oder abgewählt. Das Kursangebot unterscheidet sich dabei eben von Schulstandort zu Schulstandort, je nach Qualifizierung und Interessen der dortigen Pädagoginnen (wobei die Schulleitung auf eine entsprechend diverse Zusammensetzung achten muss), aber auch je nach von Schülerinnenseite nachgefragten Angeboten. Im Projektunterricht sind jedes Semester verschiedene Disziplinen vertreten.

Ethik umfasst teils das Vermitteln von Wissen über die verschiedenen Religionen, vor allem aber schult dieser Gegenstand im richtigen Miteinander. Hier ist Platz, um zu erlernen, wie sich Diskriminierung äußern kann, warum Gewaltfreiheit wichtig ist, welchen Rahmen uns Gesetze vorgeben. Daran schließen zudem Klassenstunden an, in denen es um das Erlernen von Demokratie geht. Dabei werden nicht nur von der ersten Klasse an Klassensprecherinnen gewählt, in diesem Rahmen werden auch allfällige Konflikte besprochen und gelöst, hier wird Demokratie im Sinn gemeinsamer Entscheidungsfindung geübt.

Solche Entscheidungen können sein: Wo geht der nächste Ausflug hin? Wie wird die Klasse dekoriert? Welches Fest soll in der Klasse gefeiert werden und welches nicht? Schülerinnen trainieren, wie sie ihren Vorschlag präsentieren, lernen aber auch, eine erfolgte Abstimmung zu akzeptieren, selbst wenn die Entscheidung bedeutet, dass die eigene Idee nicht gut angekommen ist.

Später kann in diesem Rahmen entschieden werden, welches Projekt im darauffolgenden Semester bearbeitet wird, wohin die Klassenreise geht, aber auch, welches Hilfsprojekt sich die Klasse vornimmt.

Jede Klasse engagiert sich als Gemeinschaft ehrenamtlich: Das kann in einem Jahr sein, regelmäßig ein Stück Au sauber zu halten und sich dabei zu überlegen, wie andere dazu gebracht werden können, ihren Mist nicht in der Natur liegen zu lassen. Das kann aber auch das Sammeln von Hilfsgütern für Geflüchtete sein, ein gemeinsames Kuchenbacken und anschließendes Verkaufen im Schulkontext, um Spenden für eine Hilfsorganisation zu lukrieren. Diese Klassenstunden sind Teil des Schulalltags von der ersten bis zur zwölften Klasse.

Ein paar Worte noch zum Deutschunterricht: Schule in einer Migrationsgesellschaft muss gut damit umgehen können, wenn für einige und an manchen Schulstandorten vielleicht auch die Mehrheit der Kinder Deutsch nicht die Erstsprache und in der Familie auch nicht die Kommunikationssprache ist. Eine Ausbildung für Deutsch als Zweitsprache/Deutsch als Fremdsprache ist daher für alle Pädagoginnen, die Deutsch unterrichten, eine unabdingbare Notwendigkeit. Idealerweise wird diese – in entsprechend intensivem Umfang – in die Lehramtsausbildung integriert. Jene Lehrerinnen, die bereits im Berufsleben stehen, müssten sich hier schnellstmöglich umfassend nachqualifizieren.

Nur wer weiß, wo im Spracherwerb mögliche Fallen sind, kann entsprechend unterrichten. Und ja, diese Fallen differieren je nach Herkunftssprache der einzelnen Kinder. Es gibt Sprachen, die kennen keine Artikel, andere haben keine Fälle, wieder andere verfügen nicht über den so klaren Wortschatz, den es im Deutschen gibt. Aber auch: Wie werden in welcher Sprache Geschichten erzählt? Es kann sein, dass Kinder scheinbar nicht auf den Punkt kommen können und ihnen das so ausgelegt wird, dass sie nicht zwischen wichtig und unwichtig unterscheiden können. Wenn in ihrer Herkunftskultur aber Geschichten grundsätzlich ausladend und mit zig Nebensträngen erzählt werden, erschiene es ihnen nicht kompetent, wenn sie sich auf das Wesentliche beschränken. Nur Lehrpersonen, die um diese Unterschiede Bescheid wissen, können ihre Schülerinnen auch gezielt darauf aufmerksam machen und ein Bewusstsein für den unterschiedlichen Umgang mit Sprache schaffen.

Demokratieerziehung

Die Demokratieerziehung ist sogenannte Querschnittsmaterie: Sie zieht sich durch alle Fächer, durch alle Formate. Das beginnt beim Einbeziehen von auch schon sehr jungen Kindern in Entscheidungen (Welches Museum wird als Nächstes besucht? Wie werden Geburtstage in diesem Jahr im Klassenverband begangen?), das endet beim Lösen von Konflikten (beide Konfliktparteien legen im Klassenforum ihre Positionen dar und hören sich im Anschluss Feedback von ihren Klassenkolleginnen an – schließlich versuchen alle gemeinsam zu einer für beide Seiten befriedigenden Lösung zu kommen).

Die Kinder lernen von klein auf, dass es okay ist, dass nicht alle bei einem Thema einer Meinung sind, dass man aber darüber diskutieren, seine Ansicht formulieren, dann allerdings auch die Meinung des anderen stehen lassen kann. Wichtig ist dabei, den Schülerinnen den Unterschied zwischen Fakten und Meinung zu vermitteln: Unwahrheiten als gegeben darzustellen und darauf aufbauend ein Urteil zu äußern, hat nichts mit Meinung zu tun. Daher brauchen auch schon die Erstklässlerinnen Guidance, wenn es darum geht einzuordnen, was verlässlich ein Faktum ist, wie Quellen einzustufen sind und was in die Gerüchteküche gehört.

Die Wichtigkeit von Wahlen wird jedes Jahr bei der Wahl zur Klassensprecherin erlebt. Dabei wird klar gemacht, dass es sich nicht um einen Beliebtheitswettbewerb handelt, sondern jede, die sich der Wahl stellt, auch im Klassenforum präsentieren muss, wofür sie sich einsetzen möchte und welche Themen ihr wichtig erscheinen. Das kann in einem Fall sein, den Klassenzusammenhalt zu stärken, im anderen für Verbesserungen im Unterricht einzutreten oder aber bei der Schulleitung eine Idee für einen neuen Gegenstand einbringen zu wollen. Den Möglichkeiten sind hier keine Grenzen gesetzt. Auch im Zug dieser Klassensprecherinnenwahlen sollen die Kinder jedenfalls spielerisch erlernen, worum es bei einer Wahl geht. Später begegnet den Jugendlichen das Thema Demokratie im Geschichts- und Sprachunterricht, im Rahmen von Projekten. Es wird von den Pädagoginnen jedenfalls überall dort, wo es sich inhaltlich anbietet, mitgedacht.

Ein anderes Beurteilungsdenken

Die Aufgabe der Schule ist es, Kindern und Jugendlichen jene Fertigkeiten zu vermitteln, die sie später im Leben brauchen, sie als Persönlichkeiten zu festigen und ihr Selbstbewusstsein zu stärken. Statt zu bewerten und ja, auch Kinder auszusortieren, steht das Gelingen im Vordergrund. Das bedeutet nicht, dass Kindern Noten geschenkt werden. Ganz im Gegenteil: Ein Pflichtschulabschluss garantiert, dass die Jugendliche sinnerfassend lesen, fehlerfrei ein Mail verfassen, auch auf Englisch eine Alltagskommunikation führen oder ausrechnen kann, wie viel Wechselgeld sie zurückbekommt.

Um das zu bewerkstelligen, gibt es einen Paradigmenwechsel im Schülerinnen-Lehrerinnen-Verhältnis. Pädagoginnen und Schülerinnen sind ein Team, gemeinsam arbeiten sie daran, dass das Kind die mit seinem Coach definierten und vom Coach als erreichbar eingeschätzten Ziele auch tatsächlich erreicht.

Beim Unterricht in der Klasse zählen Präsenz und Mitarbeit. Es findet keine Beurteilung statt. Der Projektunterricht stellt schon für sich sicher, dass jede Einzelne genügend für sich mitnimmt. Hier zählt das gemeinsame Tun, hier gilt es von Lehrerinnenseite die Kinder zu motivieren und zu begeistern. Auch in Fächern wie Bewegung, Kunst und Ethik gibt es, solange sie im Klassenverband unterrichtet werden, keine Benotung.

In allen Fächern, die in Kursen organisiert werden, werden Levels definiert. Das gilt für Mathematik und Sprachen, das gilt dann später aber auch für jene Fächer, die – je nach gewähltem Studium – als Studienvoraussetzung gelten, wie etwa Informatik, Biologie, Chemie oder Psychologie. In Sprachen orientiert sich das schließlich für einen Bildungsabschluss nötige Level am Europäischen Referenzrahmen für Sprachen. In all den Unterrichtsgegenständen, die in Kursen gelehrt werden, gibt es jedes Semester drei standardisierte Überprüfungen, die für das jeweilige Level zentral konzipiert werden.

Drei Tests deswegen, damit diese Tests etwas Selbstverständliches sind, eben nichts, wovor man sich fürchten muss. Auch auf dem weiteren Bildungsweg wird es Leistungsüberprüfungen geben. Bei drei Tests hängt zudem ein positives Absolvieren nicht an nur einem Test – jede hat gute und schlechte Tage, jede kann einmal krank werden. Mit regelmäßigen schriftlichen Überprüfungen, die dann auch zeitlich nicht besonders lang sein müssen, in den ersten Klassen reicht da eine Viertelstunde pro Test, wird ein potenzieller Stressfaktor entschärft.

Verantwortlich für ein positives Abschneiden sind aber eben nicht nur die Kinder, sondern auch die Lehrerinnen, die sie begleiten. Sie kennen die Lernziele, die von den Kindern zu erreichen sind, und arbeiten mit ihnen gezielt auf diese hin. Bei nur maximal zehn Kindern pro Kurs bekommen die Pädagoginnen zudem viel unmittelbarer mit, wo Schülerinnen noch Probleme haben, was individuell noch einmal erklärt werden muss. In allen Kursfächern muss der Unterricht zumindest zur Hälfte aus selbstständigem, aktivem Arbeiten beziehungsweise Üben durch die Kinder bestehen. Im Sprachunterricht bedeutet das etwa: mündliche Konversation, schriftliche Textformen, Hörverständnis; all das hat einen ebenso hohen Stellenwert wie Grammatik- und Wortschatzvermittlung.

Wenn bei einem der drei Tests nicht die nötige Punkteanzahl erreicht wird, ist das zudem noch kein Malheur. Am Ende zählt der Punkteschnitt aller drei Tests. Ist dieser positiv, gilt das Level als positiv absolviert. Wird ein Test allerdings nicht positiv absolviert, zeigt das der Lehrerin Handlungsbedarf an, und sie nimmt sofort Kontakt mit dem Coach des Kindes auf. Spätestens dann erhält die betroffene Schülerin zusätzlich Förderunterricht in diesem Gegenstand. Gelingt dennoch kein positiver Gesamtabschluss, wird das Level im darauffolgenden Semester wiederholt und der Förderunterricht intensiviert. Aufgrund des Kleingruppensettings und durch die sofortige Unterstützung mittels Förderunterricht wird ein Wiederholen allerdings nur in seltenen Fällen nötig sein. Ebenfalls kaum wahrscheinlich wird ein Förderbedarf in mehreren Gegenständen gleichzeitig auftreten. Durch die enge Begleitung durch einen Coach sollte jeweils gewährleistet sein, dass jede Schülerin das Level besucht, das ihrem Vorwissen entspricht.

Ein Wiederholen von Klassen gibt es damit jedenfalls grundsätzlich nicht. Kinder bleiben von der ersten bis zur achten Klasse (wenn sie dann in eine berufsbildende Schule wechseln), bis zur neunten Klasse (wenn sie sich für eine duale Ausbildung, also das Erlernen eines Lehrberufs, entscheiden) oder bis zur zwölften (Allgemeinbildende Höhere Schule) beziehungsweise 13. Schulstufe (Berufsbildende Höhere Schule) in ihrer Stammklasse. Die Levels werden so definiert, dass sie auch bei bis zu zweimaligem Wiederholen von Kursen innerhalb dieser Jahre absolviert werden können. Braucht eine Schülerin noch länger, ist auch dies möglich. Spätestens nach den zwölf Jahren im Klassenverband konzentriert sie sich dann allerdings nur mehr auf das Fach oder die Fächer, die sie noch für das Abschlusszeugnis braucht. Das wird aber eben durch die engmaschige Betreuung durch den Coach kaum vorkommen, da dieser ja darauf schaut, dass auch die Studienwahl auf Basis der Stärken einer Schülerin erfolgt.

Im Zeugnis stehen in den Kursfächern keine Noten, sondern Prozentangaben. Auf Kategorien wie „ausgezeichneter Erfolg“ oder „guter Erfolg“ wird verzichtet. Die Prozentangaben sprechen für sich, grundsätzlich kann aber davon ausgegangen werden, dass jedes positiv absolvierte Level zeigt, dass die Schülerin die Inhalte und Fertigkeiten, die vermittelt wurden, gut beherrscht.

Um Letzteres sicherzustellen, sind zumindest 70 Prozent der Punkte zu erreichen, damit ein Level als abgeschlossen gilt. Das wirkt auf den ersten Blick hoch, aber nur so ist gewährleistet, dass die Jugendlichen dann wirklich über die Skills verfügen, die sie in ihrer Lehrausbildung, an der berufsbildenden Schule oder im Studium benötigen. Das bedeutet in der Folge weniger Dropouts in den verschiedenen Ausbildungen. Am Ende führt das zu einer soliden Qualifikation, und nur mit einer solchen ist den einzelnen Jugendlichen geholfen. Nur eine solide Basis ermöglicht ihnen einen erfolgreichen weiteren Ausbildungsweg und eine gelungene berufliche Laufbahn. Sinnvoll wäre, wenn auch auf der tertiären Ausbildungsebene – also an Fachhochschule und Universitäten – diese Form der Beurteilung übernommen würde.

Die Matura wird nicht mehr in Form von gesonderten Prüfungen abgelegt. Wer die standardisierten Tests bestanden hat, hat bereits gezeigt, dass er über das nötige Wissen und die nötigen Fertigkeiten verfügt. Um das Abschlusszeugnis, das auch das Maturazeugnis ist, zu erhalten, ist allerdings – wie bereits jetzt schon – das Verfassen und Präsentieren einer vorwissenschaftlichen Arbeit nötig.

Themenfindung, Recherche, das richtige Zitieren von Quellen und insgesamt das Abfassen dieser Arbeit werden im Rahmen eines verpflichtenden Kurses in der zwölften Schulstufe intensiv begleitet. Dabei gibt es auch regelmäßige Feedbackrunden durch die betreuende Lehrperson und durch die Mitschülerinnen in dem Kurs. So lernen alle Jugendlichen potenzielle Fehlerquellen zu erkennen und zu vermeiden. Bewertet wird diese Arbeit schließlich nur mit „Abgenommen“ oder „Nicht abgenommen“ – Letzteres ist durch die engmaschige Betreuung eher unwahrscheinlich.

Ganztagsschule

Der Schulbetrieb ist ganztägig organisiert. Damit ist sichergestellt, dass jedes Kind von der Schule so unterrichtet und begleitet wird, dass es zu Hause keine elterliche Unterstützung mehr braucht. Gleichzeitig löst dies die Betreuungsprobleme vieler Familien. Die Kernunterrichtszeit ist dabei von Montag bis Freitag zwischen neun und 17 Uhr. Mit dem etwas späteren Unterrichtsbeginn wird auch besser dem Schlafrhythmus der Schülerinnen entsprochen.[26]

Für Familien, die in der Früh Betreuungsbedarf haben, gibt es eine Frühaufsicht mit Freizeitangebot. Für Ältere kann der Unterricht auch bis 18 Uhr oder 19 Uhr oder sogar 20 Uhr dauern – je nach Möglichkeit der Raumnutzung und Stundenplangestaltung beziehungsweise abhängig vom jeweils individuellen Förderbedarf. Verlassen die Schülerinnen das Schulgebäude, ist allerdings im Gegensatz zu jetzt kein Üben oder Lernen mehr nötig. All das findet an der Schule statt, ebenso wie zusätzlicher Sport- und Instrumentalunterricht, der derzeit eher in Vereinen organisiert ist. Freundinnen leben durch die Schulnähe (siehe auch „Der Schulweg“) in der Nähe. Unterm Strich bleibt den Schülerinnen so mehr Zeit für wirkliche Freizeit. Die Wochenenden stehen so zudem – anders als derzeit – gänzlich für andere Beschäftigungen zur Verfügung.

Alle Schülerinnen haben jeweils einen individuellen Stundenplan. Bei den Jüngsten findet noch etwa die Hälfte des Unterrichts im Klassenverband statt, je älter die Schülerinnen werden, desto individueller wird der Tagesablauf. Unterrichtseinheiten wechseln einander mit kurzen Pausen für alle und individuellen längeren Pausen ab, die entweder zum Selbststudium und Üben oder für Freizeitaktivitäten wie Sport, Kreatives oder schlicht gemeinsam verbrachte Zeit mit Freundinnen genutzt werden können. Ältere Schülerinnen, für welche keine Aufsichtspflicht mehr gilt (ab der neunten Schulstufe) können dafür auch das Schulgelände verlassen. Sowohl Vormittagsjause als auch Mittagessen und Nachmittagssnack werden an der Schule zubereitet, wobei die Kinder und Jugendlichen in die Zubereitung der Mahlzeiten eingebunden werden.

Für jene, die dies in Anspruch nehmen wollen, gibt es je nach Altersstufe Räume, in denen betreute Übungszeit stattfindet. Die dort betreuenden Pädagoginnen stehen dabei auch für Fragen zur Verfügung. In anderen Räumen kann bei absoluter Stille selbst gelernt werden, dort achtet eine Betreuungsperson lediglich auf die nötige Ruhe.

Sowohl im Innen- als auch im Außenbereich gibt es Spielplätze beziehungsweise Toberäume, aber auch eine Kreativwerkstatt, die außerhalb des Kunstunterrichts je nach Lust und Laune aufgesucht werden kann. Sozialräume ermöglichen mit Sitzlandschaften, Sitzsäcken und Matten das Zusammentreffen mit Freundinnen. Eine Lautsprecheranlage wird für all diese Räume im Haus, aber auch für die Gangareale und die Speiseräume zentral über DJs und Moderatorinnen aus dem Schülerinnenkreis zu den Essenszeiten sowie ein bis zwei Stunden nachmittags bespielt (hier wechseln einander Hintergrundmusik sowie gestaltete Beiträge und Talksendungen ab, gestaltet wird das Programm im Rahmen eines Radiokollegs, das als Kurs belegt werden kann).

Wie viele Stunden ein Kind zumindest im betreuten Üben oder im Selbststudium verbringen muss, wird gemeinsam von den Schülerinnen mit ihren Coaches festgelegt. Um sicherzustellen, dass jedes Kind seinem individuellen Stundenplan folgt, loggen sich die Schülerinnen mittels eines Chipkartensystems oder einer Handy-App, bei der ein individueller Barcode eingescannt wird, beim Zutritt in jedem Raum (auch in Freizeiträumlichkeiten) ein und aus. So weiß die Schule stets Bescheid, wo sich welche Schülerinnen aufhalten und kommt auch, vor allem bei den Jüngeren, der Aufsichtspflicht nach. Fällt bei einem Kind eine Lücke auf, wird das Schulsekretariat sofort elektronisch informiert, und eine Sozialarbeiterin macht sich umgehend auf die Suche nach dem betreffenden Kind.

Solch ein System muss technisch erst entwickelt werden. Anleihe könnte man sich dabei bei bereits bestehenden Firmenlösungen nehmen, wo es auch Zutrittskarten gibt, die einerseits die Anwesenheit am Arbeitsplatz dokumentieren, andererseits dafür sorgen, dass Arbeitnehmerinnen jeweils nur zu jenen Räumen Zutritt haben, die sie für ihre Tätigkeit aufsuchen müssen.

Für jede Schülerin gibt es pro Altersstufe einerseits den für alle vorgesehenen Unterricht in der Stammklasse sowie eine Mindeststundenanzahl in Form von Kursen. Für leistungsstarke Kinder kann diese Anzahl in Absprache mit dem Coach erhöht werden – etwa wenn eine zusätzliche Sprache erlernt wird oder man sich in einem Fachbereich stark vertiefen möchte. Andere wiederum haben ein höheres Stundenpensum zu absolvieren, weil sie viele Förderstunden brauchen.

Wieder andere möchten vielleicht besonders viel vom schulischen Sportangebot nutzen. Dabei handelt es sich dann um professionelles Training in einer bestimmten Sportart, zu dem man sich auch verpflichtet. Sportplätze und -hallen stehen etwa für freies

Fußballspiel, Volleyballspiel, Tischtennis oder Fitnesstraining darüber hinaus auch zur Verfügung, diese können in den Freizeiteinheiten genutzt werden, hier kann man Tag für Tag entscheiden, ob einem nach Sport ist oder nicht, und dort gibt es auch keine kontinuierliche Begleitung durch einen Trainer, sondern lediglich eine Aufsicht.

Nachhilfe an der Schule

Jedes Kind bekommt von der Schule die Unterstützung, die es braucht, um seine Lernziele zu erreichen. Dabei stehen verschiedene Instrumente zur Verfügung: kurzfristige, punktuelle Hilfe, die sich das Kind genau dann holen kann, wenn es mit einer Aufgabe oder einem Thema ansteht. Und strukturierte, längerfristige Unterstützung, wenn Coach und Schülerin – auch durch das Feedback von Lehrerinnen beziehungsweise nach dem schlechten Abschneiden bei einem der standardisierten Tests – gemeinsam feststellen, dass zusätzliche Förderung nötig wäre.

Diese tiefergehende Förderung findet im Rahmen von in den Stundenplan integrierten und dann verpflichtend zu besuchenden Förderkursen statt. In diesen werden jeweils nur bis zu fünf Schülerinnen, die zum Beispiel in Mathematik oder in Englisch oder in Deutsch gerade dasselbe Level durchlaufen und Schwierigkeiten haben, die vorgegebenen Lernziele zu erreichen, gemeinsam unterrichtet und erhalten individuelle Übungsaufgaben. Die Lehrerin arbeitet in jeder Einheit mit jedem Kind individuell, gleichzeitig arbeiten die anderen bis zu vier Schülerinnen an ihren spezifischen Aufgaben. Es gibt damit jede Stunde Feedback, das Kind erfährt in jeder Einheit, woran es konkret hapert. Die Lehrperson merkt zudem, wo ein Denkfehler passiert, wo es Fehler gibt, die sich grundsätzlich eingeschlichen haben, wo es wiederum schlicht mehr Vertiefung und Lernarbeit braucht.

In anderen Fällen wird es nur darum gehen, dass ein Kind einen Arbeitsauftrag nicht hundertprozentig verstanden hat und sich noch einmal vergewissern will oder gerne ein Feedback darüber hätte, ob es ohnehin den richtigen Weg eingeschlagen hat. Dazu stehen in eigenen Frageräumen, die von den Schülerinnen aktiv aufgesucht werden können, Fachlehrerinnen bereit, um solche Fragen zu beantworten, Tipps zu geben, mit Rat zur Seite zu stehen. Hier profitieren die Schülerinnen auch davon, dass es sich immer wieder um unterschiedliche Pädagoginnen handelt – denn Lehrerinnen erklären und vermitteln auch individuell unterschiedlich, und manchmal hilft es einem Kind schon, eine Thematik –zum Beispiel Funktionen in Mathematik – ein bisschen anders erklärt zu bekommen.

Steht zudem eine der standardisierten Überprüfungen an und hat eine Pädagogin, die einen Kurs unterrichtet, den Eindruck, ihre Schülerinnen brauchen noch ein bisschen Festigung, ist es auch möglich, zusätzliche Stunden anzusetzen. Diese können auch – sofern es die Stundenpläne der Kids, die ja individuell verschiedene sind, nicht anders zulassen und je nach Alter – abends bis 20 Uhr stattfinden. Ziel ist es jedenfalls, dass Schülerinnen und Lehrerinnen auf den verschiedensten Ebenen gemeinsam daran arbeiten, dass schließlich alle Kinder ihre Lernziele erreichen und bei den Überprüfungen zeigen, welche Kompetenzen sie erworben haben.

MINT großschreiben und damit Geschlechterstereotypen aufweichen

Naturwissenschaften und Technik werden bereits ab der ersten Schulstufe großgeschrieben. Bei den Kleineren stehen dabei Hands-on-Projekte im Vordergrund, die die Neugierde wecken. Dazu können auch externe Expertinnen an die Schule geholt werden – das können Handwerkerinnen sein, Erfinderinnen, Wissenschafterinnen, die sonst an Universitäten und Fachhochschulen lehren, aber auch Technikerinnen, Chemikerinnen etc. aus Betrieben und der Industrie.

Wie funktioniert ein Hebel? Wie eine Batterie? Wie schraube ich etwas zusammen, wie messe ich etwas? Warum fährt ein Fahrrad? Was ist die Schwerkraft? Welche Stoffe sind entzündlich, was löst sich in Flüssigkeiten auf? Wie funktionieren Impfungen und Medikamente, was braucht es an Technik, damit man zu Hause einen Film streamen kann? Wie funktioniert das Internet, wie das Mobiltelefon? Wie klimafreundlich oder klimaschädlich sind verschiedene Fortbewegungsarten, vom Zufußgehen bis zum Fliegen mit dem Flugzeug?

Ergänzend können Ausflüge in Museen, in Betriebe, in Industrieunternehmen, Labors, Forschungseinrichtungen Hemmschwellen senken. Mädchen und Buben sollen von klein auf lernen, ungezwungen mit Zangen, Schraubenziehern, Bohrern, aber auch mit Pipetten und Mikroskopen zu hantieren. Computer, Tablets und

Smartphones sollen nicht nur als alternative Schreibutensilien sowie zur Unterhaltung und Kommunikation mit Freundinnen dienen. Sie können so viel mehr leisten: Man kann mit ihnen Berechnungen durchführen, Skizzen anfertigen, recherchieren, Modelle entwerfen, Statistiken erstellen. An all das sollen Schülerinnen von Beginn an herangeführt werden. Der Umgang mit Werkzeug und Laborutensilien muss für sie so selbstverständlich werden wie das Malen mit Wasserfarben, das Schreiben mit einem Bleistift oder das Werfen eines Balles. Und zwar für Buben und Mädchen.

Dafür braucht es natürlich entsprechend ausgebildete Pädagoginnen vom ersten Schuljahr an. An dieser Stelle daher mein Plädoyer dafür, dass bereits erste Klassen von mehreren Lehrerinnen unterrichtet werden. Eine Pädagogin kann nicht alles abdecken, und wenn sie vor allem dafür ausgebildet wird, das Lesen, Schreiben und Rechnen zu vermitteln, kann man ihr da auch keinen Vorwurf machen. Doch gerade bei den Jüngeren kann so leicht motiviert und eine wichtige Basis gelegt werden. Vor allem im MINT-Bereich ist es wichtig, dass schon die Jüngsten von Fachpädagoginnen unterrichtet werden.

Stichwort Mädchenförderung und Bubenförderung: Teams ab der ersten Klasse, die sowohl aus Männern als auch Frauen (oder auch sich als divers identifizierenden Personen) bestehen, entsprächen den Bedürfnissen von Kindern besser. Klingt klischeehaft, entspricht aber vielen Elternfeedbacks: Wenn die Jüngeren nur von Frauen unterrichtet werden, ist das brave Mädchen das Maß aller Dinge. Doch das wird weder den Zappelphilipps noch den „braven" Mädchen gerecht. Diese wiederum brauchen Ermunterung, aus sich herauszugehen. Sie müssen lernen, dass Ruhigsein im Leben keine Tugend ist und sie so ziemlich nirgendwo hinbringt.

Kreativität, Ideen entwickeln und auch präsentieren, sich Gedanken machen, auch wenn sie einmal in die falsche Richtung führen, eine Meinung haben und diese auch vertreten können: Das müssen schon die Kleinsten lernen.

Stundenlang ruhig und brav sitzen zu können, bedeutet eben nicht unbedingt, fleißiger oder interessierter zu sein. Je älter Mädchen werden, desto mehr verkehrt sich die Beurteilung dieses Verhaltens übrigens ins Gegenteil: Dann heißt es, sie arbeiten nicht mit. Der Grundstein, konstruktive Mitarbeit zu fördern, wird aber in den ersten Schuljahren gelegt. Warum die Betonung auf konstruktive Mitarbeit? Hinausschreien und sich ständig in Szene setzen, ist keine adäquate Mitarbeit. Auch das muss den Kindern schon früh vermittelt werden. Einfach nur Fragen zu stellen, um irgendetwas zu sagen und sich einzubringen, oder aber aufzuzeigen und zu wiederholen, was die Klassenkollegin eben gesagt hat, mit dem Hinweis: „Das wollte ich auch sagen, weil …" sind auf Dauer keine geeigneten Verhaltensweisen. All das müssen die Kinder lernen, das können sie aber nur, wenn sie von ihren Lehrpersonen entsprechendes Feedback bekommen.

In der idealen Schule bekommen Kinder mit Bewegungsdrang eben Bewegungseinheiten, dann können sie sich auch wieder gut konzentrieren. Vermeintlich wilde Buben werden nicht in einer Tour ermahnt, sondern es wird ihren Bedürfnissen entsprochen. Ein verschränkter Unterricht, der über den Tag verteilt Vermittlung von Inhalten, Übungseinheiten, Möglichkeiten zur Bewegung und Freizeitelemente umfasst, wird allen Schülerinnen gerecht. Auch eine schöne Schrift allein macht noch keine gute Schülerin aus. Inhalt geht auch bei den Kleinsten immer vor Form. Die Zahlen schauen krakelig aus, die Zeilen sind schief, und die Größe der Ziffern variiert? Es zählt dennoch nur, ob das Ergebnis richtig ist. Dafür gibt es dann Lob und keine Herabwürdigung à la „Aber deine Schrift!“. Andererseits lernen Kinder, dass eine kleine Zeichnung zu einer Rechenaufgabe das falsche Ergebnis nicht wettmacht. Bemühen und Fleiß sind wichtig, und zu beidem wird ermuntert. Warum? Sie helfen, das Ziel zu erreichen. Sie erleichtern den Weg. Aber am Ende zählen das Ergebnis und die Kompetenz, die ein Kind sich erarbeitet hat.

Sprachenreichtum fördern

Sprachen sind ein Schatz. Alle. Und daher werden auch alle Sprachen wertgeschätzt. Natürlich ist die Deutschkompetenz wichtig, daher wird sie auch bei allen Kindern gefördert. Gleichzeitig erlernt man Sprachen in früheren Jahren eben leichter als ab zehn oder sogar erst 14 Jahren. Fremdsprachenunterricht beginnt daher früh. Englisch wird für alle Kinder ab sechs Jahren verpflichtend im selben Umfang wie Deutsch unterrichtet.

Aber auch andere Sprachen werden in Form von Fremdsprachenunterricht bereits ab dem dritten Schuljahr – je nach Interesse des Kindes und Empfehlung seines Coaches – im Rahmen des Kurssystems gelehrt. Manche Kinder werden mit Deutsch und Englisch (plus manche ihrer Erstsprache) bereits ausgelastet sein, andere haben vielleicht Interesse und auch Lernkapazitäten für eine weitere Sprache.

Schnupperstunden in verschiedensten Sprachen von Spanisch über Russisch bis zu Portugiesisch, von Farsi über Türkisch bis zu Mandarin, aber auch in afrikanischen Sprachen wie Swahili können dabei – je nach fachlichen Ressourcen im Lehrkörper – angeboten werden und einerseits den Kindern nahebringen, wie viele verschiedene Sprachen es gibt, ihnen aber auch mehr Möglichkeiten bieten, sich für eine Fremdsprache zu entscheiden, wobei es dann möglich sein muss, diese bis mindestens B2-Level zu erlernen (daher kann eine Sprache an einem Schulstandort auch nur angeboten werden, wenn es dort eine Lehrperson mit entsprechendem Lehramt gibt –

das erfordert auch die Schaffung eines entsprechenden Studienangebots an den Universitäten, wo es derzeit für viele Sprachen noch kein Lehramtsstudium gibt).

Doch zurück zu den Schülerinnen. Sie könnten sich etwa folgende Fragen stellen: Was klingt für mich interessant? Muss ich eine andere Schrift lernen? Von wie vielen Menschen in der Welt wird diese Sprache gesprochen? Zu welcher Sprachfamilie gehört diese Sprache? Habe ich vielleicht familiär oder privat ohnehin schon eine Verbindung zu dieser Sprache, weil eine meiner Großmütter oder -väter sie spricht oder mein bester Freund in dieser Sprache mit seinen Eltern und Geschwistern kommuniziert?

Genau diese Kinder werden in jenen Sprachen, die sie von zu Hause mitbringen, unterstützt und gefördert. Ein Kind mit Dari als Muttersprache soll also in der Schule im Rahmen eines Kurses auch in Dari alphabetisiert werden. Und wessen Familiensprache Romanes ist, soll in der Schule auch mit der Literatur in dieser Sprache in Kontakt kommen. Kein Kind macht mehr die Erfahrung, dass es akzeptierte und nicht akzeptierte Sprachen gibt. Das hebt einerseits das Selbstbewusstsein jedes Kindes, sorgt aber auch dafür, dass vorhandene Kompetenzen und damit auch Ressourcen gestärkt und gefördert werden. Und schließlich weiß die Sprachwissenschaft seit langem, dass sich ein Kind, wenn es seine Erstsprache gut beherrscht, auch leichter im Erwerb anderer Sprachen – und somit auch der Unterrichtssprache Deutsch – tut.

Die Schulleitung trägt dafür Sorge, dass es Pädagoginnen gibt, die die Sprachen, die Kinder von zu Hause mitbringen, unterrichten können. Nun kann es allerdings sein, dass es an einem Schulstandort nur wenige Kinder oder sogar nur eine Schülerin mit zum Beispiel Ungarisch als Muttersprache gibt, dafür viele Türkisch-

Erstsprechende. Hier wird das Kurssystem entsprechend angepasst. Soll heißen: Gibt es viele Türkisch-Sprechende, wird das Kurssystem analog dem Deutschunterricht in verschiedenen Levels angeboten. Gibt es nur drei Slowakisch-Sprecherinnen, werden sie über Alters- und Kompetenzunterschiede hinweg gemeinsam unterrichtet, wobei entsprechend leicht individualisiert werden kann, sodass die Pädagogin am Ende doch wieder jedem einzelnen Kind gut gerecht wird.

Gibt es an einer Schule nur ein Kind mit einer gewissen Herkunftssprache, wird es dennoch in dieser unterrichtet. Dann kann der Unterricht statt mehrere Stunden pro Woche beispielsweise nur eine Stunde pro Woche stattfinden, ist aber – weil Einzelunterricht – dann umso intensiver. Oder die Schulleitung kann sich, etwa in Ballungsräumen, erkundigen, ob es an anderen Schulen ebenfalls Schülerinnen mit dieser Familiensprache gibt, um in Randstunden schulübergreifenden Unterricht zu organisieren.

Religionsunterricht

Religion ist Privatsache! Religionen sind überholt! Ethikunterricht für alle! Unsere Kinder müssen über ihre Traditionen Bescheid wissen! Religionsunterricht muss sein – schon weil das im Konkordat so festgeschrieben ist!

Bei diesem Thema gehen die Wogen seit Jahren hoch. Jedes Argument für sich hat seine Berechtigung. Am Ende geht es aber auch hier darum zu beantworten: Was ist das Beste für das einzelne Kind? Und was ist das Beste aus Sicht der Gemeinschaft, also der Gesellschaft? Wäre das Verlagern des Religionsunterrichts in die Freizeit, ins Private, tatsächlich die beste Lösung?

In der Schule der Zukunft findet jedes Kind und jede Jugendliche alles an Unterricht, Fördermaßnahmen, Therapien, aber auch Vertiefung von Spezialinteressen (von Spitzensport bis Malwerkstatt, Forscherlabor oder Schachclub) am Schulstandort vor. Das Elterntaxi, das in der Realität leider immer noch oft ein Mamataxi ist, das die Kinder vor allem im Volksschulalter von der Schule zum Sportverein, zur Klavierstunde und zur Nachmittagsjause bei der Freundin chauffiert, gehört der Vergangenheit an. Auch das bedeutet Chancengleichheit für jene Kids, deren Mütter/Eltern ihre Kinder schon bisher nicht so fördern konnten. Das reduziert aber auch den Verkehr und ermöglicht allen Müttern eine frühere Rückkehr zu einem Vollzeitarbeitsplatz (so sie das möchten). Und genau das käme ja auch beim privat organisierten Religionsunterricht zum Tragen.

Beim Religionsunterricht ist aber auch noch ein anderer Aspekt zu beachten: In jeder Religion – ja, wirklich in jeder, auch im Christentum – gibt es fundamentalistische Gemeinden. Das führt dazu, dass in einem Religionsunterricht, der privat in einer solchen Gemeinde gestaltet wird, den Kindern Inhalte vermittelt werden könnten, die im Widerspruch zu Inhalten in anderen Unterrichtsgegenständen, aber auch zu den Werten stehen, welche unsere Verfassung vorgibt. Die möglichen Konfliktthemen ziehen sich von der Bewertung von Homosexualität über den Umgang mit Angehörigen anderer Religionsgemeinschaften (da hinein fällt auch Antisemitismus) bis zur Stellung der Frau inklusive Aspekten wie die Möglichkeit zur Abtreibung.

Damit keine extremen oder gar extremistischen Positionen vermittelt werden, ist es zu begrüßen, wenn der Religionsunterricht nicht unter dem Radar der Schulbehörden läuft. Kurz: Der Religionsunterricht findet auch weiterhin an den Schulen statt, ist aber nicht verpflichtend. Wenn Schülerinnen – beziehungsweise bei den Jüngeren deren Eltern – dies wünschen, erhalten sie an der Schule Unterricht in ihrer Konfession. Wenn jemand zwar einer Religionsgemeinschaft angehört, aber dennoch keinen Unterricht erhalten möchte, ist dies auch in Ordnung. Er oder sie erspart sich dadurch allerdings keine Stunden, da ja ohnehin mit dem Coach ein individuelles Portfolio zusammengestellt wird.

Für alle Kinder verpflichtend ist dagegen zumindest im Rahmen einer Wochenstunde der bereits zuvor angesprochene Ethik-Unterricht, der alle großen Religionen mit ihrer Geschichte und ihren Bräuchen präsentiert und dabei auch die Unterschiede in der Bewertung von Themen und philosophischen Ansätzen analysiert. Dabei wird die Entstehung und Entwicklung von Religionen auch in die geschichtlichen Rahmenbedingungen und in gesellschaftspolitische Diskurse eingebettet. Das dient einerseits der Allgemeinbildung und andererseits auch dem Abbau von gegenseitigem Misstrauen oder Vorurteilen und kann so helfen, Spannungen zwischen verschiedenen Bevölkerungsgruppen erst gar nicht aufkommen zu lassen. Das ist einer jener Unterrichtsteile, die im Klassenverband stattfinden.

Unterricht zum Angreifen

Aufgabe der Pädagoginnen ist es, Kindern die Welt zu erklären – aber plastisch und zum Angreifen. Frontalunterricht gehört dabei endgültig an allen Schulen und in allen Gegenständen der Vergangenheit an. Gibt es zum Beispiel die Möglichkeit, den MINT-Unterricht mit Versuchen anschaulicher zu gestalten, sollen diese durchgeführt werden. Keine Möglichkeit wird dazu ausgelassen. Versuche beschränken sich aber nicht darauf, dass die Pädagogin den Schülerinnen etwas vorführt. Kinder werden in jeden dieser Versuche miteingebunden. Das braucht eine entsprechende Vorbereitung, auch um auf allfällige Gefahren hinzuweisen, das braucht aber auch eine entsprechende Ausstattung mit Räumlichkeiten und Materialien. Da das Kurssystem kleine Gruppen vorsieht, kann die Lehrperson alle Schülerinnen gut im Blick behalten.

Learning by doing: Das gilt es durchgängig im Schulsystem umzusetzen. Im Sprachunterricht bedeutet das etwa, nur in dieser Sprache zu kommunizieren, sich gemeinsam Filme anzusehen und Hörspiele anzuhören und dann darüber zu diskutieren, Zeitungen in dieser Sprache zu lesen, aber auch im Internet etwas auf französisch-, englisch- oder arabischsprachigen Seiten zu recherchieren, etwas über seriöse und nicht geeignete Quellen in dieser Sprache zu erfahren.

Selbst im Sprachunterricht kann man noch mehr Pepp ins Klassenzimmer bringen: Das kann zum Beispiel die Erstellung eines Menüs, das Heraussuchen von Rezepten und Zutaten, das Nachkochen mit gleichzeitigem Anfertigen eines Videos in der jeweiligen Fremdsprache sein. Oder Schülerinnen werden gebeten, Personen, die diese Sprache sprechen, zu interviewen und zu einem aktuellen Thema zu befragen und daraus einen kurzen Reportagebeitrag zu gestalten. Für dieses Thema müssen sie im Vorfeld den Wortschatz und den aktuellen Stand der Dinge erarbeiten. Diese Vokabeln merken sich die Schülerinnen dann besser, als wenn sie einfach nur im Wortteil am Ende ihres Lehrbuches stehen und für einen Test gelernt werden müssen.

Auch der Mathematikunterricht wird noch praxisnäher gestaltet. Rechenaufgaben für die Jüngsten sind meist schon lebensnah formuliert. Das würde aber auch den Älteren helfen, die oft als abstrakt empfundenen Aufgaben besser zu verstehen und vor allem das Interesse für sie zu wecken. Wozu brauche ich eine Funktion? Wobei kann sie mir praktisch helfen? Die einen Schülerinnen wird faszinieren, dass man damit berechnen kann, wie hoch der Spritverbrauch eines Autos bei unterschiedlichen Geschwindigkeiten ist. Andere bekommen ein Gefühl dafür, wie lange ein Medikament wirkt, indem sie sich ansehen, wie lange der Wirkstoff im Blut nachgewiesen werden kann. Wieder andere könnte faszinieren, wie man damit die Herstellungskosten eines Produkts berechnen kann.

Werkstättenunterricht kann ebenfalls eine wichtige Rolle spielen: Auch Schülerinnen, die in den obersten Klassen keine berufsbildende Schule besuchen, werden manches physikalische Prinzip besser verstehen, wenn sie zum Beispiel eine einfache Maschine mit Zahnrädern und Kurbeln selbst bauen. Oder selbst einen Motor zerlegen dürfen. Oder aus Centstücken, Essig, Salz, Alufolie und Krokodilklemmen eine Batterie herstellen, die dann ein kleines LED-Lämpchen zum Leuchten bringt. Hands-on und Begreifen statt unreflektiertes Auswendiglernen: Dieses Prinzip dominiert den gesamten Unterricht. Denn wenn Schülerinnen stets dazu angehalten werden, dass das Wichtigste ist, dass sie die Dinge, die sie lernen, auch verstehen, werden sie die Fragen stellen, die sie bis zum wirklichen Verstehen bringen.

Genau dieses Er- aber auch Hinterfragen wird sie in ihrem gesamten Berufs- und auch privaten Leben weiterbringen. Es wird sie nichts einfach hinnehmen lassen, es wird sie davor bewahren, in autoritäre Strukturen zu geraten, es wird sie zu innovativ denkenden Arbeitnehmerinnen und Unternehmerinnen quer durch alle Branchen und zu mündigen Staatsbürgerinnen machen, die den Rechtsstaat und die Demokratie sowie ihre Institutionen zu schätzen wissen und hellhörig darauf reagieren, wenn jemand versucht, genau diese demokratischen Strukturen infrage zu stellen oder zu zerstören.

Selbst präsentieren statt passiv wiedergeben

Vor allem im Unterricht im Klassenverband steht die Aktivität der Schülerinnen im Vordergrund. Statt bei schriftlichen und/oder mündlichen Prüfungen das wiederzugehen, was die Lehrerin vorträgt, steht das gemeinsame Erarbeiten und schließlich auch Präsentieren dessen, was die Kinder herausgefunden haben, im Mittelpunkt. Eine Projektidee, eine fertiggestellte Arbeit, ein Studienergebnis, ein entwickeltes Produkt oder auch sich selbst und seine Dienstleistungen vorzustellen, wird die Schülerinnen in ihrem künftigen (Berufs-)Leben ständig begleiten. Dass es viele Wege gibt, dies zu tun, und dies zwar in Form einer PowerPoint-Präsentation möglich ist, es aber auch kreativere und andere Möglichkeiten gibt, nachhaltig und erfolgreich Eindruck zu hinterlassen, lernen Kinder von klein auf.

Die Jüngsten üben zum Beispiel bei regelmäßigen „Show and tell"-Runden, bei denen sie zu einem vorgegebenen Thema einen Gegenstand von zu Hause mitbringen und dazu frei von der Leber weg den anderen Mitschülerinnen etwas darüber erzählen, angstfrei und ungezwungen vor anderen laut zu sprechen. Ältere gestalten kurze Videopräsentationen, lernen Grafiken zu erstellen, um Dinge für ihr Publikum anschaulich erklären zu können, wissen, wie sie durch Fragen ihre Zuhörerinnen einbinden können, lernen, wie man frei spricht und sich bei Referaten nicht an vorgeschriebenen Texten festhält, indem man diese abliest.

Oft werden schulische Aktivitäten wie etwa Theateraufführungen belächelt. Mathematik, Deutsch und Englisch sind wichtig! Ja, das sind sie. Aber gerade die kreativen Fächer schulen die Kinder und Jugendlichen in vielen Skills, die sie dann eben in anderen Disziplinen gut gebrauchen können. Auf der Bühne zu stehen, laut und deutlich zu sprechen, dabei auch auf die Körpersprache zu achten, fördert nicht nur das Selbstbewusstsein, es bringt die Kids auch in anderen Bereichen weiter. Wer auf der Bühne in eine Rolle schlüpfen kann, tut sich auch leicht, vor einer Klasse und Pädagoginnen zu sprechen.

Unterrichtsmaterialien

Viele Jahre wurde sie diskutiert, eingefordert, angekündigt – doch passiert ist wenig. Die Rede ist von der Digitalisierung. Mit der Covid-19-Krise wurde sie aus der Not heraus und am Gros der Schulen holprig und quasi über Nacht implementiert. Es kam auf das technische Interesse beziehungsweise Vorwissen der einzelnen Pädagogin an, wie gut oder schlecht das Distance Learning in den Lockdowns funktionierte. Dazu kamen bei manchen Schülerinnen eine schlechte Versorgung mit Laptops, Tablets oder Internetverfügbarkeit zu Hause sowie an vielen Schulen ein zu schwaches oder nicht vorhandenes WLAN,[27] sodass Pädagoginnen während des Schichtbetriebs entweder am Schulstandort in Präsenz oder von zu Hause aus im Distance Learning unterrichten konnten, aber beides an einem Tag in aufeinanderfolgenden Stunden nicht möglich war.

Ebenfalls alle Jahre wieder ein großes Thema: die teils zu schweren Schultaschen oder -rucksäcke für Schülerinnen. Bücher werden hin- und hergeschleppt, dazu Hefte, Mappen, Federpennale, und je jünger und kleiner die Kids, desto erdrückter kommen sie einem vor.[28]

Je individualisierter der Unterricht für Schülerinnen organisiert wird, desto individualisierter muss allerdings auch das Zurverfügungstellen von Unterrichtsmaterialien funktionieren. Die Covid-19-Krise hat gezeigt, wie leicht das Hochladen diverser entweder durch Verlage verfügbare oder von Pädagoginnen eigens für ihren Unterricht erstellten Materialien ist. In Mathematik wird es immer pro unterrichtetem Level ein Basisbuch brauchen, ebenso in Fächern wie Englisch oder Deutsch, Fremdsprachen, Geschichte etc. Aber eben nicht nur. Und auch diese Basisbücher muss das Kind nicht unbedingt in Papierform besitzen.

Idealerweise bekommt jedes Kind zu Schulbeginn von der Schule einen Laptop (nun ist das erst in der Sekundarstufe vorgesehen, mit der praktischen Umsetzung hapert es aber noch), der mit jenen Programmen aufgesetzt wird, die das Kind dann auch im Unterricht zu handeln erlernt. Parallel zum Erlernen des richtigen Umgangs mit Bleistift und Papier wird also auch das Einschalten des Laptops, das Hochfahren, das Benutzen der (österreichweit dann einheitlichen) Lernplattform, das Zugreifen auf die Unterrichtsmaterialien erlernt.

Auf dieses Endgerät spielt die Schule dann in Absprache mit den unterrichtenden Lehrerinnen und dem jeweiligen Coach die Schulbücher, die das Kind benötigt. Beginnen Schülerinnen mitten im Semester, einen Förderkurs zu besuchen, ist so das Zurverfügungstellen von weiteren elektronischen Büchern möglich. Leicht erhalten die Kinder so auch Zugang zu Bibliotheken mit Lesestoff in den Sprachen, die sie erlernen, oder mit Sachbüchern, wenn sie sich etwa im Rahmen eines Projekts in ein Thema vertiefen möchten.

Merkt eine Pädagogin und/oder ein Coach, dass eine Schülerin größere Lernerfolge erzielen würde, hätte sie gewisse Schulbücher auch in Papierform, könnte der Coach das für dieses Kind zusätzlich organisieren. Auch da müssen die individuellen Bedürfnisse jedes einzelnen Kindes und Jugendlichen immer im Vordergrund stehen.

Haben Sie den Eindruck, das sind nun schon ziemlich viele Aufgaben, die ein Coach zu übernehmen hat? Ja, das stimmt. Allerdings sind ja nicht alle der von ihm 30 betreuten Schülerinnen so betreuungsintensiv. Bei manchen Schülerinnen wird der Coach mit dem halbstündigen Gespräch alle zwei Wochen das Auslangen finden, für andere sind Gespräche mit Pädagoginnen, Eltern, Therapeutinnen oder eben auch Unterrichtsmaterialien zu organisieren. Bei einem Vollzeitjob mit 38,5 Wochenstunden ist bei 7,5 Stunden für Schülerinnengespräche pro Woche aber noch jede Menge Zeitpuffer, um für jene Kids, die eben mehr an Betreuung brauchen, diese zu koordinieren.

Insgesamt bringt das hauptsächliche Umstellen von Unterrichtsmaterialien von Papier auf elektronische Varianten einerseits mehr Flexibilität, andererseits hilft es auch, Rohstoffe und Kosten zu sparen. Die Schülerinnen hätten nicht so schwer zu tragen und alle Unterlagen dennoch stets bei sich. Jedes Jahr kommt jedes Endgerät über die Schule zu einem technischen Checkup, um nötige Updates zu installieren und die Funktionsfähigkeit zu überprüfen. Ergeben sich zwischendurch technische Probleme, gibt es an jeder Schule einen IT-Techniker, der sich auch um die Computeranlage und das WLAN der Schule sowie die Endgeräte der Lehrerinnen kümmert. Auch Pädagoginnen erhalten von ihrem Arbeitgeber einen Laptop.

Inklusion

Das Zuschneiden des Stundenplans auf jedes einzelne Kind macht es generell leichter, Inklusion an den Schulen selbstverständlich zu leben. Egal ob ein Kind eine angeborene Beeinträchtigung mitbringt, an einer chronischen Erkrankung leidet, kurzfristig zum Beispiel aufgrund einer Verletzung gehbehindert ist, psychisch erkrankt ist, Lernschwierigkeiten aufgrund von etwa Legasthenie, Dyskalkulie oder einer Aufmerksamkeitsdefizit- und/oder Hyperaktivitätsstörung oder schlicht aufgrund aktuell schwieriger Familienverhältnisse, weil sich die Eltern etwa gerade in einem Scheidungskrieg befinden oder ein Elternteil verstorben ist, aufweist: Der Coach passt nicht nur das Lerntempo durch die jeweilige Auswahl von Kurslevels plus Förderung an jede Schülerin an, er kann ein Kind wegen einer Krise auch temporär aus Kursen herausnehmen (das entsprechende Level wird im darauffolgenden Semester erneut begonnen/durchlaufen) und stattdessen therapeutische Unterstützung vorsehen. Ergotherapie, Psychotherapie, Physiotherapie, aber auch Dinge wie Legasthenie-Training oder der Schülerin mögliche Sportangebote werden von Schulseite angeboten. Auch gehbeeinträchtigte Jugendliche können beispielsweise einen bewegten Alltag leben, wenn es ihnen ermöglicht wird. Das wird auch ihre Selbstständigkeit in ihrem Alltag und in ihrem späteren Leben erhöhen.

Die Schule hat von sich aus das Wohl jedes Kindes im Auge – und seine bestmögliche Unterstützung und Förderung. Nicht Eltern müssen ständig um Verständnis bitten, um Ausnahmen kämpfen, sich für positive Beurteilungen bedanken, wenn der Sohn oder die Tochter mit Legasthenie kämpft und trotz bereits entsprechend vorliegender Beurteilungsverordnung eine Pädagogin immer noch auf stur schaltet. Das zentrale Beurteilungsschema im Kurssystem sieht auch die Möglichkeit vor zu vermerken, dass eben etwa die Legasthenie einer Schülerin bei der Punktevergabe und dem positiven Abschließen eines Levels zu berücksichtigen ist.

Auch da zeigt sich Chancengerechtigkeit. Es gibt Eltern, die von sich aus nicht erkennen, dass Lernprobleme ihres Kindes eine psychische oder physische Ursache haben. Andere können den oft mühsamen medizinischen Abklärungsprozess sowohl organisatorisch als auch finanziell (auch da macht sich der Kassenärztinnenmangel gerade im Bereich der Kinderärztinnen und Kinderpsychiaterinnen massiv bemerkbar, und Eltern werden von spezialisierter Wahlärztin zu Wahlärztin gereicht) nicht allein stemmen. Aber auch das Absolvieren von Therapieterminen stellt berufstätige Eltern oft vor enorme Schwierigkeiten, ganz zu schweigen von den entstehenden Kosten, da es immer noch viel zu wenige vollständig kassenfinanzierte Therapieplätze im Bereich von Psycho-, Ergo- und Physiotherapie gibt.

Schule fühlt sich für all das bisher weitgehend nicht zuständig[29] – einzelne engagierte Direktorinnen, Pädagoginnen, Beratungslehrerinnen etc. ausgenommen. Es darf aber nicht sein, dass der Zufall entscheidet, ob ein Kind entweder Eltern hat, die sich adäquat kümmern können, oder in der Schule auf Einzelpersonen stößt, die sich auf eigene Initiative seiner annehmen. Jeder Coach hat immer die Gesamtsituation und -verfasstheit seiner Schützlinge im Auge zu behalten. Schule hat bisher in viel zu vielen Angelegenheiten die Verantwortung von sich gewiesen und Dinge versucht zu delegieren. Das mag vielleicht die Arbeitslast im Schulsystem vordergründig erleichtern, in Wirklichkeit tut es dies nicht. Schülerinnen, die im Unterricht verhaltensauffällig sind und so auch den Lernerfolg anderer beeinträchtigen, Schülerinnen, die ihre Lernziele nicht erreichen, die keinen Bildungsabschluss absolvieren, können nicht im Interesse des Schulsystems und der Gesellschaft sein.

Natürlich können all diese Aufgaben der Schule nicht einfach überantwortet werden, ohne für entsprechende Ressourcen zu sorgen. Aber wenn es diese Ressourcen gibt und alle Rädchen gut ineinandergreifen, wird auch die Arbeit der Pädagoginnen eine freudvollere und leichtere sein. Sie können sich dann auf das konzentrieren, wofür sie sich bei ihrer Berufswahl entschieden haben und wozu sie ausgebildet wurden: aufs Unterrichten. Und bei Herausforderungen aller Art können sie auf ein Netz an ebenfalls in ihrem Bereich gut aufgestellten Expertinnen zurückgreifen. Den Kindern das beste Umfeld für ihr Heranwachsen zu bieten, inkludiert auch, die dort Arbeitenden nicht zu übersehen. Nur wer in einem guten Arbeitsumfeld tätig ist, wird auch seinen Job so gut es ihm oder ihr möglich ist, ausüben.

Quereinsteigerinnen und Flüchtlingskinder

Auch Kinder aus Familien mit einer anderen Erstsprache als Deutsch lernen idealerweise bereits im Kindergarten so gut Deutsch, dass sie bei ihrer Einschulung dem Unterricht problemlos folgen können. Es gibt aber auch Schülerinnen, die ihre Schullaufbahn in einem anderen Land begonnen haben oder gerade erst im Alter von sechs Jahren nach Österreich gekommen sind – weil ihre Eltern hier einen Job angenommen haben, weil sie aus familiären Gründen hierher umgezogen sind, weil die Familie aufgrund eines Krieges oder Verfolgung im Herkunftsstaat nach Österreich geflüchtet ist.

Aktuell betrifft das vor allem Kinder und Jugendliche aus der Ukraine, in den Jahren zuvor wurden viele syrische und afghanische Kinder und Jugendliche durch das Schulsystem gelotst. Sie mussten das Glück oder Pech haben, auf entsprechend engagierte ehrenamtliche oder hauptberufliche Flüchtlingshelferinnen oder eben Pädagoginnen zu stoßen, die sich ihrer individuell angenommen haben. Geschah dies nicht, stießen gerade diese Kinder, vor allem wenn sie aus nicht besonders bildungsnahen Familien kamen, rasch an ihre Grenzen beziehungsweise die Grenzen des Bildungssystems.

Die Diskussion über integrativen Deutscherwerb im Klassenverband versus Deutschklassen zieht sich über Jahre hinweg und wird vorrangig ideologisch geführt. Auch da hat aber das einzelne Kind das Maß aller Dinge zu sein. Die Erfahrungen mit Flüchtlingskindern zeigen: Je jünger sie bei ihrer Ankunft in Österreich waren, desto leichter gelang der Spracherwerb in der Klasse. Manche Teenager tun sich dagegen recht schwer, so auf ein für einen Schulabschluss nötiges Deutschlevel zu kommen.

Das zuvor skizzierte Kurssystem bietet auch diesen Kindern mehr Chancen. Von Anfang an können im Klassenverband Freundschaften geschlossen werden, was wiederum den Einsatz und die Verwendung der deutschen Sprache im Alltag erhöht und für vielfältige Übungs- und Anwendungssituationen sorgt. Der für sie erstellte Stundenplan sollte aber – je nach Altersstufe und Lerngeschwindigkeit – dann vor allem Deutschunterricht vorsehen. Je älter Schülerinnen sind, desto wichtiger ist das systematische Vermitteln von Grammatik und Satzbau, aber auch der Art, wie Geschichten erzählt werden, von Textsorten, Feinheiten wie Verben, die nach bestimmten Präpositionen verlangen, von einem nach Themen geordneten Aufbau des Wortschatzes. Es ist im Ermessen des Coaches, welche Kinder in wenigen Monaten mit Unterricht im Einzelsetting, im Zweier- oder Dreiergruppenmodus so rasche Erfolge zeigen, dass sie dann problemlos in den Fachunterricht von Mathematik bis Geschichte einsteigen können. Das klingt ressourcenintensiv? Ja, das ist es. Aber dann auch wieder nicht. Wer beim Start die massive Unterstützung bekommt, die er braucht, wird in der Folge nicht nur viel schneller im Schulsystem reüssieren, er wird dann auch keine Probleme haben, eine Berufsausbildung zu absolvieren. Wer den Fachkräftemangel beklagt, muss auch hier genau hinschauen. Österreich ist eine Zuwanderungsgesellschaft, und Integration und Teilhabe am Arbeitsmarkt bedingen gute Kenntnisse der Landessprache. Kinder an der Hand zu nehmen und entsprechend zu begleiten, hilft nicht nur ihnen persönlich, sondern hat schon nach wenigen Jahren spürbar positive Auswirkungen auf den Arbeitsmarkt.

Gekocht wird an der Schule

Jede Schule verfügt über eine eigene Küche. Hier werden alle Mahlzeiten, welche die Schülerinnen untertags zu sich nehmen, zubereitet: Von der Vormittagsjause über das Mittagessen bis zu einer Nachmittagsjause. Wie auch in den Kindergärten werden dabei zwei Leitlinien verfolgt: Schülerinnen erhalten hier ausschließlich gesundes Essen und lernen dabei, wie ausgewogene Mahlzeiten aussehen. Und sie werden in die Zubereitung der Speisen miteinbezogen. Da die Essensausgabe jeweils zeitlich gestaffelt für die jüngeren und älteren Schülerinnen erfolgt und täglich drei verschiedene Menüs (vegan/vegetarisch/nicht vegetarisch – damit wird bei der Wahl des veganen beziehungsweise vegetarischen Menüs auch gleichzeitig zum Beispiel einer Halal-Ernährung Rechnung getragen) plus Salate und Gemüsesuppe mittags sowie eine Auswahl an Obst, Rohkost, kleinen Bowls, Joghurt mit Früchten/Nüssen und gefüllten Weckerln/belegten Broten vormittags und nachmittags zubereitet werden müssen, ist es möglich, jede Klasse jedes Semester für eine andere Aufgabe vorzusehen.

Die Jüngeren werden sich dann zunächst um die Obst- und Rohkostzubereitung kümmern, später können sie auch das Zubereiten von Bowls, Broten und Suppen übernehmen, und die Älteren bereiten die warmen Mittagsmenüs zu. Dabei wird nicht einfach nur von der Küchenleitung vorgegeben, was auf dem Speiseplan steht – es gibt auch immer Gruppen von Schülerinnen, welche die

Menüs zusammenstellen und dabei jeweils darauf achten, dass eine Portion die richtige Zusammensetzung von Eiweiß, Kohlehydraten, Fett, Ballaststoffen und Vitaminen aufweist.

Jede Schülerin holt ihren Snack oder ihr Mittagessen mit ihrer persönlichen Karte oder Handy-App ab, die über einen Scanner gezogen wird. Hier sind allfällige Allergien, aber auch religiöse Speisevorschriften gespeichert. So wird vor allem sichergestellt, dass niemand einen allergischen Schock erleidet. Kinder lernen so von klein auf, diesbezüglich besonders aufzupassen und auf die eigene Gesundheit zu achten.

Ausgegeben werden zudem kleine Portionen, jede kann aber jederzeit einmal oder sogar mehrmals einen Nachschlag holen. Ziel ist, den Kindern zu vermitteln, dass mit Nahrungsmitteln sorgfältig umgegangen und ein Wegwerfen vermieden werden sollte. Dazu gehört auch, von etwas, was ein Kind noch nie gegessen hat, einmal nur um eine Mini-Probierportion zu bitten, um sich danach entweder mehr zu holen oder aber sich dann doch für ein anderes Menü zu entscheiden. Das klingt kompliziert und personalintensiv? Ja und nein. Auch in die Essensausgabe sollen die älteren Schülerinnen eingebunden werden.

Im Schulgarten oder begrünten Schulhof, auf dem Hochbeete platziert werden, wird zudem Obst und Gemüse angebaut. Damit wird man den Bedarf für eine Schule mit vielen hundert oder sogar mehr Schülerinnen nicht decken können. Aber jeweils eine Klasse kümmert sich dann um eines oder mehrere Beete und kann so zusehen, wie lange es braucht, bis das Essen vom Anpflanzen auf den Teller kommt. Ein kleines Beet mit Getreide kann dabei zeigen, wie viele Dinkel- oder Weizenhalme es braucht, um am Ende daraus Mehl für ein kleines Brot zu gewinnen. Diese Erfahrungen werden ebenfalls dazu beitragen, dass Kinder Nahrungsmittel noch mehr wertschätzen. Von Tierhaltung ist eher abzusehen, da es für eine Bio- und artgerechte Haltung entsprechend viel Platz und auch Know-how und damit viele weitere Fachkräfte bräuchte, was insgesamt den Rahmen sprengen würde.

Sollte das nun alles vom Zeitaufwand her überbordend klingen: Das ist es nicht. Im Schnitt verbringt jede Schülerin in der Woche rund eine Stunde mit einer der oben genannten Tätigkeiten. Da wären dann zum Beispiel montags jeweils zwei Klassen mit dem Zubereiten der Vor- und der Nachmittagsjause beschäftigt, für die Mittagsmenüs kommen pro Tag rund vier Klassen zum Einsatz, für die Essenausgabe eine.

Die Menüpläne werden jeweils von einer Klasse für eine Woche erstellt, sie errechnet auch die benötigten Mengen und hilft beim Bestellen der Zutaten bei regionalen Bäuerinnen beziehungsweise im Lebensmittelhandel. Die Vorbereitungsarbeiten werden gestaffelt durchgeführt, sodass es in der Küche zu keinen Platzproblemen kommt: In der ersten Stunde bereitet eine Klasse das Gemüse für die Suppe vor, in der zweiten Stunde eine andere Klasse das Gemüse für die Beilage etc. Diese Hands-on-Schulung in Sachen Kochen ist jeweils auf dem Stundenplan verankerter Unterricht im Klassenverband.

Ebenfalls wichtig: An den Schulen gibt es auch kein teilweise bereits zubereitetes, kein vorher eingefrorenes und dann aufgewärmtes Essen und damit eben kein Convenience Food. Es gibt keine gezuckerten Getränke, keine Süßigkeiten, keine Salzsnacks wie Chips, nichts Frittiertes, nichts Paniertes. Im Speisesaal gibt es mehrere Wasserhähne und daneben Tische mit Krügen. Die Ausgabe von Einwegplastikflaschen wird so vermieden. Wasserhähne stehen auch auf allen Gängen zur Verfügung, sodass die Schülerinnen in den Pausen ihre Wasserflaschen jederzeit wieder auffüllen können. Wer lieber ungesüßten Tee trinkt, findet auch diesen in Krügen im Speisesaal vor.

Bewegung mit Spaßfaktor

Bewegung ist für die kindliche Entwicklung wichtig. Aber auch Jugendliche profitieren gesundheitlich von ausreichend körperlicher Aktivität. Wichtig ist dabei, dass Sport einerseits nicht als belastend und unangenehm empfunden wird oder sogar mit Angst besetzt ist. Andererseits sollen die Stunden, die für Bewegung zur Verfügung stehen, auch tatsächlich für solche genutzt werden: Geräteturnen in einer Gruppe von 15 oder mehr Schülerinnen, die sich dann eine nach der anderen anstellen, bis sie wieder an der Reihe sind, entspricht dem nur mäßig.

Wie aber kann der Schulsport so gestaltet werden, dass er den Bedürfnissen aller entspricht? Auch hier gilt: Es gibt eben nicht den einen passenden gemeinsamen Unterricht für alle. Der Coach bemüht sich auch hier, für jedes Kind und jede Jugendliche das passende Angebot für eine tägliche Bewegungsstunde zu finden. Ein Bub spielt gerne Fußball? Das ist dann eine leichte Übung. Ein Mädchen möchte tanzen, entwickelt allerdings nach ein paar Jahren Interesse fürs Bodenturnen? Kein Problem – die gewählte Sportart kann jedes Semester gewechselt werden. Oder es können mehrere Sportarten parallel gewählt werden: montags Tanzen, dienstags Ballspiele, mittwochs Bodenturnen, donnerstags wieder Tanzen, freitags Geräteturnen. Oder fünfmal die Woche Tanz. Oder dreimal die Woche Leichtathletik und zweimal die Woche Basketball. Für Jugendliche gibt es zudem auch die Möglichkeit, Ausdauer und Kraft in einem schuleigenen Gym zu trainieren.

Klingt nach einem hohen Raumbedarf? Ja und nein. Einerseits würden die Trainingsräume den ganzen Tag über genutzt. Andererseits braucht es für einen Tanzkurs keine riesige Sporthalle. Derzeit haben die Schulen oft viel zu wenige Raumangebote für Bewegungseinheiten – auch das erschwert seit Jahren die Umsetzung einer täglichen Turnstunde. Mehr räumliches Angebot zu schaffen, ist daher ein wichtiges Element eines neuen Schulsystems. Die verschiedenen Sportangebote würden zudem nach Interesse und nicht nach Alter besetzt. Zwölfjährige können gemeinsam mit 17-Jährigen tanzen, Jüngere und Ältere gemeinsam Gymnastik trainieren. Je beliebter eine Sportart ist, desto mehr kann man kann man auch auf eine Altersstaffelung achten, die beispielsweise beim Fußball auch sinnvoll wäre.

Die Coaches können den von ihnen betreuten Schülerinnen aber auch mehr Sport als eine Stunde pro Tag im Stundenplan verankern. So wird für jene, die daran Interesse haben, auch Leistungssport mit professionellem Training möglich. Dabei ist es sinnvoll, den bestehenden Vereinssport in die Schulen miteinzubeziehen, wobei es dafür dann auch Trainingseinheiten am Wochenende geben würde. Für die Jüngeren sollte das Training an der Schule stattfinden, die Älteren können ihre Stunden auch an ausgelagerten Sportstätten absolvieren. Noten gibt es im Sportunterricht grundsätzlich keine – es zählen Präsenz und aktive Teilnahme. Für Motivation können für jene, die Leistungssport ausüben, Wettkämpfe sorgen. Niemand wird aber zur Teilnahme an Turnieren oder Matches verpflichtet.

Derzeit leidet bei vielen, die Vereinssport betreiben, der Schulerfolg, vor allem in den höheren Klassen. Ähnlich sieht es bei jenen aus, die sich intensiv einem Instrument widmen. Wird sowohl der

Vereinssport als auch die Arbeit der Musikschulen in den Schulalltag integriert, schafft das für viele Kinder Freiräume, die sie derzeit nicht haben.

Das konkrete Sportangebot wird von Schule zu Schule und auch regional variieren. Der Schisport wird in den alpinen Gegenden eher angeboten werden als in Wien, dafür wird es nicht in jeder ländlichen Gegend eine Fechtgruppe oder einen Tennisplatz geben. Basissportarten, die in jedem herkömmlichen Turnsaal durchgeführt werden können, wie Tanz, Ballspiele, Geräteturnen, Gymnastik, Tischtennis, aber auch Yoga sollten jedenfalls Teil des Sportangebots sein.

Darüber hinaus verfügt jede Schule über einen Spielplatz mit Spielgeräten für die Jüngeren sowie einen Outdoor-Fitnesspark für die Älteren. Beides kann auch in Pausen und individuellen Freistunden von allen genutzt werden (es gibt jeweils eine Aufsicht durch eine Sport- und/oder Freizeitpädagogin). Das gilt auch für Turnsäle, die allen Schülerinnen für freie Sport- und Bewegungsausübung den ganzen Tag zur Verfügung stehen und in den individuellen freien Stunden zwischen Unterrichtseinheiten genutzt werden können. Hier können zum Beispiel auch Freundesgruppen Tanzchoreographien einstudieren oder andere sich bei einem Körbewerfen matchen.

Wichtig ist, dass dabei auch ausreichend absperrbare Duschkabinen mit angeschlossenen Garderobekabinen zur Verfügung stehen. Dass es bis heute an vielen Schulen keine Duschmöglichkeit für alle Schülerinnen nach Sportstunden gibt – oft aufgrund zu weniger Duschen und weil die kurze Pausenzeit nicht ausreicht, dass sie von allen genutzt werden können – ist vor allem bei Jugendlichen auch nicht förderlich, dass an der Schule Sport ausgeübt wird. Übergriffen und Spott wird durch absperrbare Duschkabinen vorgebeugt. Gleichzeitig sorgt auch hier eine Aufsicht für Sicherheit. Diese kann nachsehen, falls eine Schülerin zu lange Zeit in der Dusche bleibt und vielleicht kollabiert ist oder es Anzeichen dafür gibt, dass sich jemand verletzt hat.

Jede*r Schüler*in – ob männlich, weiblich, divers, schlank, muskulös, nicht muskulös oder nicht idealgewichtig – soll sich wohlfühlen. Die Kategorien sportlich und unsportlich sollen damit ein für alle Mal aus dem schulischen Erlebnisschatz gestrichen werden. Wenn jede*r die Bewegung für sich entdeckt, die ihm oder ihr gut tut und die ihm oder ihr auch Spaß macht, ist gesundheitlich für alle viel gewonnen und der Grundstein für ein auch später bewegtes Leben gelegt.

Schulärztin und Schulnurse

Jeder Schulstandort verfügt über eine hauptberufliche Schulärztin und eine beziehungsweise mehrere Schulnurses. Die Schulärztin führt einerseits bei allen Schülerinnen regelmäßig Vorsorgeuntersuchungen durch, ist zuständig für das Geben und Auffrischungen von Impfungen (so es dafür die Zustimmung der Erziehungsberechtigten gibt), kann aber auch von den Coaches bei gesundheitlichen Verdachtsmomenten hinzugezogen werden, wenn es darum geht, eine medizinische Abklärung einzuleiten. Die Schulärztin koordiniert dann auch weitere Untersuchungstermine in spezialisierten Ambulanzen beziehungsweise durch Fachärztinnen im niedergelassenen Bereich. Die Schulärztin ist zudem – so sie anwesend ist (auch eine Vollzeitstelle deckt nicht die gesamte Öffnungszeit der Schule ab) – auch Anlaufstelle, sollten Schülerinnen während des Schultags erkranken oder sich eine Verletzung zuziehen und es eine intensivere Abklärung braucht.

Eine Schulnurse – also eine Pflegekraft, die von ihrer Ausbildung her auch die Kompetenzen für eine Erstbegutachtung in Notfall- und Unfallstationen mitbringt – unterstützt Schülerinnen, die etwa regelmäßig Medikamente einnehmen müssen, Injektionen benötigen, deren Blutzucker kontrolliert werden muss. Hier kämpfen derzeit vor allem Eltern von jüngeren Kindern, die regelmäßig Medikamente einnehmen müssen – Pädagoginnen dürfen diese aber nicht verabreichen. Ein chronisch krankes Kind bedeutet daher nicht selten für einen Elternteil, meistens die Mutter, nur eingeschränkt erwerbstätig sein zu können, wenn überhaupt, da sie sich auch untertags um die Medikamentengaben kümmern muss. Besonders wichtig ist eine solche Betreuung bei mehrfach behinderten Kindern, die zum Beispiel über eine Sonde ernährt werden oder Infusionen benötigen.

Eine Nurse darf bei Bedarf Blutdruck messen, ein Medikament gegen Kopfschmerzen, Übelkeit, Regelkrämpfe ausgeben, kann kleinere Wunden reinigen, feststellen, ob es nötig ist, dass eine Schülerin in eine Notfall- oder Unfallstation gebracht werden muss, und übernimmt dann die Verständigung der beziehungsweise die Kommunikation mit den Eltern. Sollte eine Schülerin beispielsweise nach einer Sportverletzung, die einen Gips oder sogar eine Operation nötig macht, auch physiotherapeutische Unterstützung brauchen, wird diese idealerweise von der Nurse an der Schule organisiert, sodass die betroffene Schülerin nach ihrer Rückkehr an die Schule möglichst keine Unterrichtseinheiten verpasst.

Bei diesen Pflegekräften finden aber auch Schülerinnen mit psychischen Problemen stets eine offene Tür, wenn sie einen Rückzugsort brauchen, wenn sie Panikattacken haben, wenn sie spüren, dass ein Breakdown naht. Für jede Schülerin mit Vorerkrankungen gibt es eine elektronische Datei, die auch die übliche Medikation sowie Notfallkontakte umfasst (Erziehungsberechtigte, außerhalb des Schulsystems behandelnde Ärztinnen und Therapeutinnen) und von den Nurses sowie der Schulärztin über die Chipkarte oder Handy-App der Schülerin abrufbar ist. Gleichzeitig müssen Nurses allerdings auch – ebenfalls über ein elektronisches System – daran erinnert werden, wenn für eine Schülerin eine Medikamentengabe erforderlich ist. Um den Alltag der Nurses nicht überzustrapazieren, wird es in diesem Fall Aufgabe der Bildungsdirektionen sein, mehrfach behinderte Schülerinnen entsprechend auf verschiedene Schulstandorte aufzuteilen. Das Nursezimmer muss während der gesamten Öffnungszeit der Schule für Schülerinnen zugänglich sein – es wird also mehrere Pflegekräfte pro Standort brauchen.

Multiprofessionelle Schulteams

Viele Berufe wurden in den vorangehenden Einträgen bereits angesprochen. In der Schule von morgen arbeiten jedenfalls viele verschiedene Expertinnen Hand in Hand.

Jede Schulleitung verfügt über ausreichendes administratives Personal. Die Schuldirektorin kümmert sich um die groben Linien, um das grundsätzliche pädagogische Angebot, um das Troubleshooting in akuten Krisensituationen und um die Aufnahme neuer Schülerinnen. Hier laufen alle Fäden zusammen. Die Schulleitung muss immer den Überblick haben und darf sich nicht in bürokratischem Kleinkram verlieren. Letzterer – das betrifft statistische Meldungen an die Schulbehörden ebenso wie das elektronische Erfassen von Schülerinnendaten oder personaltechnische Dinge wie Krankenstandsmeldungen, Kur- und Weiterbildungsanträge, Projekteinreichungen etc. – muss von Sekretariatskräften übernommen werden.

Die Letztverantwortung für die Stundenplanerstellung und Lehrfächerverteilung liegt allerdings bei der Schulleitung. Die Detailarbeit erfolgt gemeinsam mit den Coaches und Klassenvorständinnen sowie unter Einbindung jeder einzelnen Pädagogin. Anders als es derzeit in vielen Mittelschulen gelebte Praxis ist, darf ab der fünften Schulstufe in jedem Gegenstand nur eine Pädagogin eingesetzt werden, die auch über ein Lehramt für dieses Fach verfügt.

Das pädagogische Team besteht aus Lehrerinnen, die entweder für die Arbeit mit jüngeren oder älteren Schülerinnen ausgebildet sind. Bei den Jüngeren gibt es mehr Generalistinnen, auch wenn zum Beispiel im MINT-Bereich oder Englischunterricht ebenfalls bereits Fachlehrerinnen zum Einsatz kommen sollen. Ihre pädagogische Ausbildung soll genauso viel Gewicht haben wie die Fachexpertise.

Zum Pädagoginnenteam zählen aber auch Freizeit- und Hortpädagoginnen, die jene Sport- und Kreativangebote betreuen, die unabhängig vom regelmäßigen Stundenplan einer Schülerin je nach Tagesinteresse in Anspruch genommen werden können. Sie beaufsichtigen zudem die Schülerinnen in jenen Übungsstunden, in denen ohne Fragemöglichkeit gelernt werden kann. Und sie sorgen in den Außenanlagen der Schule sowohl für Aufsicht als auch für Freizeitangebot vor allem für die jüngeren Schülerinnen.

Die bereits vorgestellten Coaches kümmern sich individuell um die schulische und Persönlichkeitsentwicklung jeder einzelnen Schülerin. Sie arbeiten Hand in Hand mit der Schulleitung, den Pädagoginnen, aber auch den an der Schule beschäftigten Sozialarbeiterinnen sowie Physio-, Ergo-, Psychotherapeutinnen, der Schulpsychologin sowie Lerncoaches, Legasthenietrainerinnen, Logopädinnen, Sport- und Kreativtrainerinnen. Letztere kommen zum Beispiel auch im Instrumentalunterricht zum Einsatz, hier ist eine Verzahnung mit Musikschulen und Hereinholen dieses Unterrichts an Schulen – aber weiterhin durchgeführt durch die Musikschulen (ähnlich dem Vereinssport) – wünschenswert.

Schließlich braucht es auch ein Küchenteam, Reinigungskräfte, eine Gärtnerin, die sich der Freiflächen, aber auch – jeweils in Kooperation mit Klassen und Pädagoginnen – des Gemüse- und Obstanbaus annimmt. Eine oder mehrere Technikerin(nen) kümmern sich sowohl um Computerhardware als auch -software, ein funktionierendes WLAN, aber auch um Datensicherheit und vor allem um die Plattform, auf der Schülerinnen ihre Unterrichtsmaterialien gespeichert haben, über die sie ihre Übungsarbeiten abgeben und über die sie mit ihren Lehrerinnen kommunizieren können.

Für alle in der Schule Beschäftigten gilt: Das einzelne Kind steht im Fokus all ihrer Bemühungen. Ziel ist es, dass jede Schülerin einen Schulabschluss schafft, dass wodurch auch immer entstandene Krisen gut begleitet und durchgestanden werden, dass jedes Kind seinen Platz in der Klasse, in der Schulgemeinschaft und schließlich im Leben findet.

Schulbauten

Nun haben Sie sich sicher schon gedacht: Aber wie soll das denn alles funktionieren in den Schulen, die wir derzeit haben? Nein, es wird nicht funktionieren. Wir brauchen Schulneubauten oder massive Schulumbauten. Das beginnt bei Küche, Speisesälen und Nassräumen, das endet bei den Unterrichtsräumen. Große Klassen haben ausgedient, es braucht kleinere Räume für den Kursunterricht in kleineren Gruppen, es braucht ganz kleine Räume für allfälligen Nachhilfe- und Förderunterricht in noch kleinerem Rahmen. Es braucht schalldichte Räume für den Instrumentalunterricht, es braucht in jeder Schule mehr als einen Turnsaal – wie sonst sollte die tägliche Bewegungseinheit für jedes Kind umgesetzt werden? Es braucht Werkstätten, Laborräume, Kreativräume, Toberäume, Ruheräume, Lernräume, aber auch Knotzecken auf den Gängen.

Jeder Schülerin muss ein ausreichend großer Spind zur Verfügung gestellt werden, in dem sie nicht nur die Jacke oder den Mantel aufbewahren kann, sondern wo auch Sportgewand, Schulrucksack, papierene Unterrichtsmaterialien und der Laptop, wenn dieser nicht gerade in Verwendung ist, Platz finden. Dieser Spind muss zu jeder Zeit sicher versperrbar sein.

Die Schulbauten von morgen bieten aber auch allen, die im Kosmos Schule arbeiten, einen zeitgemäßen Arbeitsplatz. Sozialarbeiterinnen, die verschiedensten Therapeutinnen, die Coaches brauchen ihren Berufen entsprechende kleinere oder größere Räume, ausgestattet mit dem entsprechenden Equipment (das betrifft vor allem Ergo- und Physiotherapie). Schulärztin und Nurse verfügen über einen Behandlungs-, einen Ruhe- und einen Warteraum. Medikamente müssen sicher versperrt werden können.

Endgültig der Vergangenheit gehören aber vor allem die Lehrerinnenzimmer an, die jeder Pädagogin ein Minitischchen zuweisen und konzentriertes Arbeiten aufgrund der Geräuschkulisse unmöglich machen. Lehrerinnen müssen wie Schülerinnen über einen ausreichend großen Spind in einem eigenen Pädagoginnenbereich verfügen. Darüber hinaus gibt es größere und kleinere und auch Einzelräume, in denen Lehrerinnen sich sowohl für Korrekturarbeiten als auch für Vorbereitung und Nachbereitung zurückziehen oder aber Elterngespräche führen können. Teamräume ermöglichen Besprechungen mit anderen Lehrerinnen, aber auch kleinere Konferenzen mit Sozialarbeiterin, Coaches und involvierten anderen Expertinnen, wenn es darum geht, ein akutes Problem einer Schülerin zu lösen. In allen von Lehrerinnen genutzten Räumen muss es die Möglichkeit geben, sich via Laptop mit dem WLAN, aber auch mit Druckstationen zu verbinden.

Alle Schulbauten sind barrierefrei gestaltet. Dabei geht es nicht nur um Kinder, sondern gegebenenfalls auch Pädagoginnen oder Therapeutinnen mit Bewegungseinschränkungen. Immer wieder haben Schülerinnen verletzungsbedingt einen Gips oder sind auf Krücken angewiesen – auch für sie wird das Durchstehen dieser Zeit durch entsprechende bauliche Voraussetzungen erleichtert.

Zu achten ist aber auch auf nachhaltige Energiequellen, auf mögliche Temperaturregulierung im Sommer wie im Winter, auf öffenbare Fenster und eine gute Luftqualität. In stickiger Luft oder zu hoher Raumtemperatur können sich Schülerinnen wie Pädagoginnen nicht adäquat konzentrieren. Die Böden sind leicht zu reinigen und alle verwendeten Baumaterialien schadstofffrei. WLAN steht sowohl im Innen- als auch Außenbereich von Schulen in stabiler Qualität sowohl für Schülerinnen als auch alle am Standort Beschäftigten zur Verfügung.

Aber auch das Interieur ist wichtig. Schülerinnen sitzen heute vielfach auf zu kleinen Möbeln. In einer Klasse sind nicht alle Schülerinnen gleich groß – vor allem in der Altersgruppe der Zehn- bis 14-Jährigen sitzen daher oft Schülerinnen an für sie zu niedrigen Tischen. Gelöst werden könnte dieses Problem durch grundsätzlich höhenverstellbare Tische.

Ja, auch das wird teuer. Allerdings kann man auf bestehenden Gebäuden aufbauen, schauen, ob im ländlichen Bereich Nachbarflächen dazugekauft werden können, im städtischen Raum anschließende Gebäude erworben oder bestehende in die Höhe adaptiert werden können. Wien zeigt derzeit vor, wie es bei der Neuerschließung von Stadtgebieten (Hauptbahnhof, Seestadt, Nordbahnhof) bereits möglich ist, einen Schulcampus zu errichten. Gerade in innerstädtischen Bereichen stammen viele Schulbauten aus dem 19. Jahrhundert, manche sind noch älter. Diese starre Struktur von Klasse neben Klasse, einem großen Turnsaal, einem zu klein dimensionierten Lehrerinnenzimmer und einer Direktion entspricht einfach gar nicht mehr der heutigen Zeit. Diese Infrastrukturinitiative kostet über einige Jahre viel Geld, doch auch in anderen Bereichen wird immer wieder auf Erneuerung gesetzt. Der Bund investiert zum Beispiel jährlich drei Milliarden Euro in den Ausbau des Bahnnetzes und in die Modernisierung von Bahnhöfen.[30]

Der Schulweg

In einem Schulsystem, das jedes einzelne Kind in den Mittelpunkt stellt, gibt es keine besseren und schlechteren Standorte mehr, keine Brennpunkt- und Eliteschulen. Die beste Schule für jedes Kind ist dann die, die am nächsten gelegen ist. Das erspart einerseits Wegzeiten und Energiekosten – für Eltern und Kinder. Das lässt andererseits Schülerinnen rascher selbstständig werden.

Je näher die Schule gelegen ist, desto rascher kann das Kind auch den Schulweg allein zurücklegen. In der Stadt wird die Schule dann entweder fußläufig oder mit öffentlichen Verkehrsmitteln in wenigen Stationen zu erreichen sein. In ländlichen Gegenden wird sich das weiterhin schwieriger gestalten. Der Ausbau des öffentlichen Nahverkehrs auch in ländlichen Gemeinden wäre allerdings nicht zuletzt klimakrisenbedingt ebenfalls ein Gebot der Stunde. Rascher zu bewerkstelligen wäre allerdings wohl der Aufbau eines flächendeckenden Schulbusnetzes. Die Anschaffung von Elektrobussen wäre aufgrund der überschaubaren Entfernungen, die Schulbusse zurücklegen, überlegenswert.

Die nächstgelegene Schule zu besuchen, bringt aber auch soziale Vorteile: Freundinnen wohnen dann in nächster Nähe. Das erleichtert gemeinsame Freizeitgestaltung an den Wochenenden. Davon profitieren auch die Eltern: Für sie ist es leichter, einander auszuhelfen, etwa bei der Betreuung jüngerer Kinder abends oder an Feiertagen und Wochenenden, wenn Dienstpläne mit Betreuungspflichten kollidieren.

Ergänzende berufsbildende Zweige

Wie bisher auch soll es für jene Schülerinnen, die bereits im Alter von 14 Jahren wissen, dass sie erstens weiter die Schule besuchen, dabei aber zweitens eine Berufsausbildung absolvieren möchten, berufsbildende Schulen geben. Diese können allerdings noch diversifizierter ausgestaltet und wesentlich stärker auch entsprechend den Interessen der Jugendlichen, aber auch entsprechend den Bedürfnisse der Gesellschaft weiterentwickelt werden.

Das duale Ausbildungssystem (also die Ausbildung in einem Lehrberuf) hat sich bewährt – es gibt aber in einigen Branchen zu wenige ausbildende Betriebe. Sie werden den Bedarf an Fachkräften etwa in den Bereichen IT, aber auch in vielen technischen Zweigen nicht ausreichend abdecken können. Berufsbildende mittlere und höhere Schulen können da gut einspringen. Das Thema Energie ist virulent. Wer wird in den kommenden Jahren vor allem in den Städten die Heizsysteme in Mehrparteienhäusern auf nachhaltige Energiequellen umrüsten? Wer die vielen noch ungedämmten Fassaden dämmen?

Der Klimawandel erfordert aber auch massives Umdenken und Umrüsten in anderen Bereichen. Wie werden wir der Erderwärmung begegnen? Eine der Strategien vor allem in Städten ist die Begrünung: von Dächern und Fassaden, von Plätzen und Straßenzügen. Autos unter die Erde, Bäume auf die Gehsteige, mehr Fußgängerzonen mit Beeten und Brunnen, weniger Autoverkehr in den Stadtzentren. All das muss geplant und umgesetzt werden.

Die Covid-Krise wiederum hat uns vorgeführt, dass es gut ist, auch in vielen Produktionsbereichen nicht völlig abhängig von Importen zu sein. Das betrifft etwa Medikamente, aber auch Ersatzteile für Maschinen. Zuletzt stöhnten einige Branchen angesichts von Rohstoffengpässen. Lithium, Kobalt, seltene Erden: Sie werden gerade in Produkten gebraucht, mit der die Energiekrise in den Griff bekommen werden soll, wie beispielsweise Elektroautos, in denen Lithium-Ionen-Batterien zum Einsatz kommen.

Daher wird künftig auch dem Recycling immer größere Bedeutung zukommen: Dinge zu verschrotten oder zu verbrennen, muss zur Ausnahme und Wiederverwertung die Regel werden. Das wird neue Berufsfelder eröffnen. Gerade Jugendliche sind für Tätigkeiten im Umwelt- und Klimaschutz gut zu begeistern. Schließlich wissen sie, dass es um ihre Zukunft geht. Die Möglichkeiten, dafür neue schulische Ausbildungswege zu kreieren, sind entsprechend groß. Wünschenswert wäre, ein rasches standardisiertes Prozedere für die Zulassung neuer Zweige und Curricula zu ermöglichen, die den bereits bestehenden Kanon (Tourismusschulen, Handelsakademien, Höhere Technische Lehranstalten, Bundesanstalten für Elementarpädagogik, Landwirtschaftsschulen, Modeschulen etc.) erweitern beziehungsweise noch spezialisierter gestalten.

In allen berufsbildenden höheren Schulen ist das Angebot der Kernfächer enger definiert als an der Langform der allgemeinbildenden Schule, die mit der Matura abschließt. Es muss gewährleistet sein, dass jene Kompetenzen, die schließlich für eine Berufsausübung gebraucht werden, beherrscht werden. Dennoch bleibt auch hier durch ein Kurssystem die Möglichkeit individueller Differenzierungen – etwa im Bereich Sprachen, aber auch in kreativen Fächern. Persönliche Schwächen, die Jugendliche daran hindern würden, ihren Abschluss zu machen, sollten auch im berufsbildenden Schulwesen durch individuelle Förderung ausgeglichen werden.

Weiterführung des dualen Ausbildungssystems

Das duale Ausbildungssystem – also das Erlernen eines Lehrberufs in einem Betrieb plus Unterricht in einer Berufsschule – hat sich grundsätzlich bewährt. Aber auch diese Form der Ausbildung ist in die Jahre gekommen. Die Berufsschule bedarf ebenso wie das gesamte Bildungssystem einer Generalüberholung. Der Fächerkanon ist im Berufsschulwesen klar vorgegeben. Unterricht in kleineren Gruppen, Hands-on-Prinzip, Inhalte unter pädagogischer Anleitung selbst erarbeiten und dann präsentieren, sind in der Berufsschule der Zukunft wichtige Prinzipien, die dann zudem schon dem entsprechen, wie die Jugendlichen Schule kennen.

Massiven Reformbedarf gibt es bei der Ausbildung der Ausbildnerinnen in den Betrieben. Sie müssen eine wesentlich fundiertere pädagogische Ausbildung erhalten, als dies bisher der Fall ist (derzeit ist nur ein 40-stündiger Kurs vorgesehen) und in der Folge auch zu lebenslanger Weiterbildung verpflichtet werden.[31]

Umgekehrt wird die Lehrausbildung aber auch für ausbildende Betriebe wieder attraktiver. Jugendliche bringen durch den standardisierten Pflichtschulabschluss die nötigen Voraussetzungen garantiert mit. Jugendliche, die eine Lehrausbildung beginnen, werden diese daher auch mit hoher Wahrscheinlichkeit abschließen.

Im Bildungssystem der Zukunft profitieren beide Seiten von einem Zusammenschluss von Lehrbetrieben bei der Lehrlingsausbildung. Jugendliche bekommen so mehr Einblick in verschiedenste

Produktionstechniken oder Arbeitsabläufe in einer Branche, Betriebe wiederum werden entlastet, indem sie die Ausbildung einer künftigen Fachkraft nicht allein stemmen müssen. Wer seine Lehrzeit in drei Hotels, in drei Restaurants, in drei Handelssparten oder drei Kfz-Werkstätten absolviert, erhält nicht nur selbst mehr Knowhow und Zugang zu verschiedenen Perspektiven, sondern bringt beides auch wiederum in die anderen beiden Lehrbetriebe mit.

Das Modell Lehre mit Matura ist in Zukunft Normalität. Schon jetzt gibt es manche Branchen, die in ihren Kollektivverträgen vorsehen, dass zumindest ein Teil des Unterrichts in den Maturafächern als Arbeitszeit angerechnet wird. Das erleichtert es den betreffenden Jugendlichen, beide Ausbildungen miteinander zu vereinbaren. Nachgedacht werden müsste allerdings darüber, ob es tatsächlich ausreicht, Unterricht und Prüfungen nur in vier Fächern – derzeit sind dies Deutsch, Mathematik, Englisch sowie ein je nach Berufsausbildung unterschiedlicher fachbezogener Gegenstand – vorzusehen.[32]

Durchlässigkeit im Bildungssystem ist nur dann wirklich gegeben, wenn Lehrabsolventinnen mit der Matura tatsächlich alle Kompetenzen erworben haben, die sie für ein Studium an einer Universität oder Fachhochschule benötigen. Um mögliche Lücken zu schließen, könnte man – wie auch für Schülerinnen, denen schließlich aufgrund ihrer individuellen Schwerpunktsetzung im Rahmen des Kurssystems doch ein Fach oder ein Level eines Fachs für ein bestimmtes Studium fehlt – allerdings auch noch eine spezielle Studienvorbereitung nach der Matura und vor Studienbeginn vorsehen (Brückenjahr).

Ziel ist es jedenfalls, allen Jugendlichen den Zugang zu jeder Ausbildung zu ermöglichen. Teenager sind noch keine gefestigten

Persönlichkeiten – die Berufswahl treffen die jungen Menschen aber meist für ihr ganzes Leben. Bildungsentscheidungen dürfen sie daher nicht in eine Sackgasse führen. Nicht jede ist schließlich für jede Disziplin geeignet. Es kann sich auch erst im Lauf einer berufsbildenden Schule, einer Lehrausbildung oder eines Studiums herausstellen, dass der gewählte Beruf oder die präferierte Studienrichtung doch nicht das Richtige ist.

Daher gibt es idealerweise auch an den Berufsschulen und später an den Fachhochschulen und Unis Coaches, welche die jungen Menschen – wenn auch nicht so engmaschig wie im Basisschulwesen – begleiten. Coaches sind hier mehr ein Angebot, das von den Jugendlichen und jungen Erwachsenen ihrerseits aktiv in Anspruch genommen werden kann. Da sie aber aus ihren ersten zumindest neun Schuljahren mit der Arbeit von und Unterstützung durch Coaches vertraut sind, besteht keine Hemmschwelle, dieses Angebot auch zu nutzen.

Neukonzeption der Ausbildung der Elementarpädagoginnen

Alle Ausbildungen, die auf Berufe vorbereiten, in denen Menschen betreut werden – ob pflegerisch, sozialarbeiterisch oder pädagogisch – werden künftig ausschließlich auf tertiärer Ebene organisiert und haben daher zuvor eine Matura als Voraussetzung. Diese Berufe erfordern viel Verantwortung, der 15-Jährige oft noch nicht gewachsen sind.

Elementarpädagoginnen werden derzeit im Rahmen einer berufsbildenden höheren Schule sehr praxisnah ausgebildet. Diese Praxisnähe ist auch unbedingt beizubehalten. Vielfach überdenken die Jugendlichen allerdings schon während der Schulzeit ihre Berufswahl und beginnen sofort nach der Matura ein Studium. Sie entscheiden sich dann beispielsweise für ein Lehramt im Bereich Volksschule oder Mittelschule oder überhaupt für ein völlig anderes Berufsfeld. Damit verpuffen viele Ressourcen, die in die Ausbildung investiert werden. Ein Teil des Mangels an Elementarpädagoginnen ist darin begründet. Ein anderer ergibt sich aus den bereits zuvor skizzierten schwierigen Rahmenbedingungen (siehe „Kindergarten").

Eine noch fundiertere Ausbildung angehender Kindergartenpädagoginnen kommt einerseits den Kindern zugute, andererseits aber auch den Pädagoginnen selbst. Sie fühlen sich nicht mehr, wie derzeit von vielen geäußert, von der auf sie übertragenen Verantwortung erdrückt. Eine 18-Jährige, die sich für diesen Beruf entscheidet, kann eher abschätzen, was sie erwartet. Das zeigen auch die Kollegs, in denen sich Erwachsene zu Elementarpädagoginnen ausbilden lassen können. Sie gehen schließlich nahezu alle in den Beruf.

Ein Fehler, den es zu vermeiden gilt, ist jener, der in der Pflege bei der Umstellung der Ausbildung im Bereich Gesundheits- und Krankenpflege von einer schulischen Ausbildung auf einen Fachhochschulstudiengang gemacht wurde: Es stehen heute weit weniger Ausbildungsplätze zur Verfügung. Diese massive Fehlkonzeption bei der Reformierung dieser Ausbildung ist eine der Ursachen für den momentanen Pflegenotstand. Die in Aussicht gestellte Pflegelehre soll nun einmal als Modellversuch kommen, aber auch das ist noch Zukunftsmusik.[33] Auch bei einer Elementarpädagogikausbildung auf tertiärer Ebene müssten also ausreichend Plätze für Interessierte zur Verfügung stehen. Elementarpädagoginnen werden dringend gebraucht, damit die Qualität dieser Basisbildung für alle Kinder entsprechend angehoben werden kann.

Die ideale Ausbildung beinhaltet noch stärker als bisher einerseits entwicklungspsychologische Aspekte, andererseits schafft sie auch Sensibilität für allfällige Krankheitsbilder oder psychische Auffälligkeiten bei Kindern. Die Elementarpädagoginnen können dann gemeinsam mit den Eltern frühzeitig eine medizinische Abklärung in die Wege leiten und so den Kindern eine zeitgerecht begonnene Therapie ermöglichen. Gerade im Fall von Entwicklungsverzögerungen ist der raschestmögliche Therapiebeginn entscheidend, um Defizite aufzuholen.

Eine wichtige Rolle kommt den Elementarpädagoginnen aber vor allem beim Spracherwerb der Kinder zu. Eine Basisausbildung in Deutsch als Fremdsprache/Deutsch als Zweitsprache ist dafür unerlässlich. Elementarpädagoginnen selbst müssen zudem perfekte Deutschkenntnisse nachweisen können. Das gilt übrigens auch für Assistentinnen.

Es gibt Berufe, in denen es nur wichtig ist, sich gut verständigen zu können. Ob sich Verkäuferinnen, Busfahrerinnen oder Heizungstechnikerinnen grammatikalisch völlig korrekt ausdrücken oder nicht, ändert nichts an ihrer fachlichen Expertise. Sie können dennoch Waren verkaufen, einen Bus lenken oder eine Heizung installieren. Aber es gehört zum Berufsbild von Elementarpädagoginnen, Kindern Deutsch beizubringen. Kleinkinder und Kinder im Vorschulalter lernen durch Nachahmung. Dort braucht es daher – im Sinn der Kinder – entsprechend sattelfeste Sprachvorbilder. Auch da wäre daher ein durch die Matura bereits nachgewiesenes entsprechendes Deutschniveau vor Ausbildungsbeginn von Vorteil.

Neukonzeption der Lehrerinnenausbildung

Lernen mit allen Sinnen ist das Leitthema der pädagogischen Ausbildung der Zukunft (Fachinhalte werden dabei idealerweise an den Universitäten vermittelt, die pädagogische Umsetzung an den pädagogischen Hochschulen, wie dies derzeit etwa im Rahmen des Verbunds Nord-Ost in Wien und Niederösterreich schon der Fall ist[34]) – und Lehrerinnen müssen sich als Partnerinnen der Kinder und Jugendlichen begreifen. Beurteilen, verurteilen, aussortieren: Dieses Denken muss in der Schule der Vergangenheit angehören. Alle im Schulsystem Beschäftigten müssen sich umgekehrt vor allem immer diese Frage stellen: Was kann unternommen werden, um dieser einen Schülerin auf die Sprünge zu helfen und ihr zu ermöglichen, die Kompetenzen zu erwerben, die sie für einen positiven Schulabschluss nachweisen können muss? Begleiten statt Bewerten: Genau das muss sich auch in der Ausbildung widerspiegeln.

So möglich und sinnvoll, sollten einzelne Gegenstände übergreifend unterrichtet werden. Auch das fördert ein vernetztes und mehrdimensionales Denken. Anbieten würden sich Fächerkombinationen wie Physik und Chemie, Biologie und Psychologie, Geschichte und Philosophie. Idealerweise spezialisieren sich angehende Lehrerinnen dennoch in zwei von ihnen gewählten Fächern. Nur wer sich fundiert in einer Materie auskennt, kann dieses Wissen auch adäquat vermitteln.

Fächerübergreifender Unterricht findet daher, so die Pädagogin nicht alle nötigen Fachausbildungen mitbringt, im Teamteaching-Modus statt. Auch darauf werden Pädagoginnen gezielt vorbereitet. Heute gibt es immer noch zu viele Einzelkämpferinnen, die sich einmal ein Unterrichtskonzept für jede Schulstufe zurechtlegen und dieses dann Jahr für Jahr abspulen. Viele andere Pädagoginnen machen dies derzeit schon anders, passen ihren Unterricht auch immer wieder an aktuelle Geschehnisse oder Fragen, die eine Klasse gerade beschäftigen, an. Allerdings ist dies eben immer Sache des individuellen Engagements.

Stichwort Vorbereitung: Die pädagogische Ausbildung leitet angehende Pädagoginnen in diesem neuen Schulsystem auch an, wie sie mit all den anderen vertretenen Berufen kooperieren. Wann ist es angeraten, den Coach einer Schülerin einzubinden? Wann wird ein Kind zur Schulnurse, wann zur Schulpsychologin geschickt?

In einem Schulsystem, in dem Pädagoginnen durch das zentrale Testsystem auch Verantwortung für die Leistungsnachweise ihrer Schülerinnen tragen, müssen sie zudem bereits im Unterricht abschätzen lernen, wo die einzelnen Schülerinnen stehen. Es ist dann eben nicht erst das Abschneiden bei einer Prüfung, die ihnen zeigt, ob Schülerinnen eine Materie begriffen haben oder nicht. Die Lehrerinnen müssen vielmehr schon vor dem Test sicherstellen, dass die von ihnen unterrichteten Kinder und Jugendlichen ihre Lernziele erreicht haben. Darauf muss bereits in der Ausbildung ein Fokus gelegt werden. Eine wichtige Rolle spielt dabei eine gelungene Feedback-Kultur. Aus Fehlern zu lernen zu versuchen, ist seit jeher ein gutes Rezept. Dazu müssen Schülerinnen aber auch ihre Fehler kennen. Pädagoginnen sind angehalten, dabei aber wertschätzend zu agieren: Schülerinnen dürfen nicht demotiviert werden, sondern sollen begreifen, dass im Erkennen von Defiziten und dann im Beseitigen ebendieser ihre Chancen liegen.

Die Digitalisierung ist in der Ausbildung rundum verankert. Das umfasst sowohl die Kompetenz, die nötige Technik zu beherrschen. Das betrifft aber auch den richtigen Umgang mit den dadurch neu etablierten Kommunikationswegen. Wie agiere ich hier – obwohl ich mich als Partner der Schülerinnen verstehe – dennoch professionell und entsprechend abgegrenzt und distanziert? Wie bin ich meinen Schülerinnen Vorbild in Sachen gelungene Online-Kommunikation?

Ein wesentlicher Bestandteil jeder pädagogischen Ausbildung – egal welche Altersstufe schließlich unterrichtet wird – ist zudem Extremismusprävention. Dazu bedarf es eines genauen Hinschauens schon bei kleinsten Verhaltensänderungen. Oft werden Schülerinnen aus Lehrerinnensicht erst auffällig, wenn sie auch im Unterricht aus dem Rahmen fallen. Es gibt aber auch Jugendliche, die sich in sich zurückziehen, die verstummen, die sich denken, das, was da in der Schule erzählt wird, das stimmt nicht, das gilt für sie nicht – dies aber nicht laut äußern.

Extremismus kann in verschiedensten Ausprägungen auftreten – auch dafür werden Pädagoginnen sensibilisiert. Rechtsextremismus, Islamismus, aber auch Staatsverweigerung, christlicher Fundamentalismus, Linksextremismus – es gibt so viele Möglichkeiten, sich aus dem Spektrum der zulässigen und wichtigen Meinungsfreiheit herauszubewegen. Das rasch zu bemerken und entsprechend gegenzusteuern (da kommt wieder das gesamte Schulteam ins Spiel) fällt ebenso in die wichtige Kategorie Demokratieerziehung (siehe „Demokratieerziehung“).

Ein neuer Arbeitsalltag für Pädagoginnen

Pädagoginnen nehmen im Idealfall – wie auch die Schülerinnen – keine Arbeit mit nach Hause. Einige der bisherigen Aufgaben werden von den Coaches übernommen, andere von der Sozialarbeiterin, der Schulärztin, den Therapeutinnen. Alles Berufliche passiert in der Schule, entgrenztem Arbeiten wird so ein Riegel vorgeschoben. Einzige Ausnahme: Die verpflichtenden Weiterbildungen finden am Wochenende und in den Ferien statt – die Anbieter müssen ihr Angebot entsprechend umgestalten. Schon jetzt gelten die Ferien unter dem Schuljahr (also Herbst-, Weihnachts-, Semester- und Osterferien) als unterrichtsfreie Zeit, nicht aber als Urlaub – sie können zur Vor- und Nachbereitung dienen, aber eben auch für Weiterbildung genutzt werden. Während der Unterrichtswochen sollen vermeidbare Absenzen, durch die Unterricht ausfällt, hintangehalten werden. Im Erkrankungsfall von Pädagoginnen sorgt ein Team von Springerinnen dafür, dass Unterricht nicht einfach ausfällt.

Pädagoginnen verbringen damit ihren gesamten Arbeitstag an der Schule. Sie stehen dabei entweder in der Klasse oder im Kursraum und unterrichten. Sie nutzen Lehrerinnenräume, um Übungen zu korrigieren oder sich auf den Unterricht vorzubereiten. In Konferenzräumen sprechen sie sich mit Kolleginnen ab oder führen Elterngespräche. Sie stehen für Fragen in offenen Übungsstunden zur Verfügung oder geben Förderstunden. Die Schuladministration sorgt dafür, dass sich alle Tätigkeiten die Waage halten.

Wie für Schülerinnen wird auch für Lehrerinnen ein Stundenplan erstellt, wobei es fixe Elemente wie Unterrichtseinheiten und flexible Elemente wie Korrekturstunden, Besprechungen, Vorbereitungszeit gibt, die sich Pädagoginnen je nach Bedarf einteilen können. Wichtig ist, dass ihnen dazu jeweils die nötigen Räumlichkeiten zur Verfügung stehen. Dafür muss es an jedem Schulstandort auch ein entsprechendes Raumreservier- und -nutzungssystem geben. Solche Systeme gibt es heute bereits in vielen größeren Organisationen und Betrieben, bei denen man sich Anleihe nehmen kann.

Große Lehrerinnenkonferenzen sollen eher die Ausnahme sein und nur der Information über grundlegende Neuerungen, Projekte, die die ganze Schule betreffen etc. dienen. Ansonsten sollen Konferenzen in kleinem Rahmen durchgeführt und dabei der Fokus immer auf ein Kind oder eine kleine Gruppe von Kindern gerichtet werden. Was nicht passiert, ist, dass ein Kind – weil es etwa sehr ruhig oder von den Leistungen her weder positiv noch negativ auffällt – wahrnehmungstechnisch durchrutscht, denn wenn eine Schülerin nicht wirklich wahrgenommen wird, bekommt sie auch nicht die Förderung, die sie benötigt, um ihr Potenzial zu entfalten.

Elternkommunikation auf Augenhöhe

Elterngespräche sind derzeit vielfach für Mütter und Väter, aber auch Pädagoginnen keine leichte Übung. Lehrerinnen beklagen Druck, der von Eltern ausgeübt wird. Dabei geht es etwa beim Übertritt von der Volksschule in die weiterführende Schule um die dafür benötigten Einser- und Zweier-Beurteilungen. Dabei geht es in höheren Klassen ebenfalls – um Noten. Dem sollen Pädagoginnen nicht mehr ausgesetzt sein. Durch ein System, in dem die Schülerinnen an einem Schulstandort ihre Basisbildung erhalten sowie, wenn sie sich dafür entscheiden, die allgemeinbildende Matura ablegen, entfällt die für alle Beteiligten schwierige Situation rund um den zehnten Geburtstag eines Kindes.

Andererseits lassen es manche Eltern auch durchaus an Respekt für Lehrerinnen fehlen. Der Ton macht die Musik, das gilt auch hier. Ja, man kann hinter seinem Kind stehen. Pädagoginnen zu beschimpfen, wird aber die Situation nicht verbessern.

Einige Eltern beklagen wiederum, dass sie sich im Sinn ihrer Kinder oft in Gesprächen mit Lehrerinnen nicht so verhalten, wie sie dies etwa im Arbeitskontext tun würden.

Der partnerschaftliche Ansatz muss auch in der Elternkommunikation stärker durchschlagen. Eltern, Pädagoginnen und Schülerinnen sind ein Team, dessen gemeinsames Ziel es ist, dass die Kinder und Jugendlichen ihre Lernziele erreichen. Und das erfordert Kommunikation auf Augenhöhe. Verbale Unter- und Übergriffe sind von allen Seiten fehl am Platz, konstruktive Kritik soll und darf aber von allen Involvierten geäußert werden, ohne dass das der Schülerin zum Nachteil gereicht. Am Ende muss es immer um Lösungen und Verbesserungen im Sinn des einzelnen Kindes gehen.

Elternschule

Apropos Eltern: Bildung beginnt nicht erst mit dem Eintritt in den Kindergarten oder in die Schule. Kinder lernen ab dem Tag ihrer Geburt. Ob sie dabei unterstützt oder im schlechtesten Fall sogar behindert werden, wird später maßgeblich dazu beitragen, wie gelungen oder nicht gelungen ihre Bildungskarriere verlaufen wird. Eltern müssen selbst keine Pädagoginnen sein, um ihren Kindern eine gute Entwicklung zu ermöglichen. Aber es gibt Dos und Don'ts, die leicht zu beherzigen sind, wenn man sie denn kennt.

Der Mutter-Kind-Pass sieht in der Schwangerschaft medizinische Untersuchungen der Mutter sowie nach der Geburt des Babys medizinische Untersuchungen des Kindes vor. Mit der Umwandlung in den Eltern-Kind-Pass, die zwar vom Nationalrat 2021 beschlossen wurde, an deren Umsetzung aber noch gearbeitet wird (Stand Mai 2022),[35] sollen weitere Elemente integriert werden. Einerseits sollen Kinder mithilfe dieses Screenings bis zum 18. Geburtstag begleitet werden, andererseits soll auch die psychische Gesundheit berücksichtigt werden. Da der Bezug des Kinderbetreuungsgelds derzeit an die im Mutter-Kind-Pass vorgesehenen Untersuchungen gekoppelt ist, werden die meisten Familien erreicht. Für die Zukunft stellt sich die Frage, ob mit einer Ausdehnung des Programms eine Kopplung an die Familienbeihilfe sinnvoll wäre.

Aus bildungspolitischer Sicht ebenfalls wesentlich wäre allerdings, noch ein ganz anderes Element in den Mutter-Kind-Pass –

oder dann Eltern-Kind-Pass – zu integrieren: den Besuch einer Elternschule. Geburtsvorbereitungskurse sind heute selbstverständlich, aber kaum Vorbereitung gibt es auf das Leben mit einem Säugling und Kleinkind. Was dort vermittelt werden könnte? Einerseits natürlich Dinge wie Erste Hilfe beim Neugeborenen, bei welchen Krankheitsanzeichen man sich selber helfen kann und wie, doch auch: Wann sollte man eine Ärztin aufsuchen oder ins Krankenhaus fahren?

Auf dem Lehrplan können aber auch grundsätzliche Dinge stehen: Wie oft sollte das Baby gestillt werden oder ein Fläschchen erhalten? Wann sollte man mit Beikost beginnen? Wie sieht eine gesunde und ausgewogene Baby- und Kleinkindnahrung aus? Wie oft sollte ein Kind an die frische Luft? Wie schafft man eine angenehme, nicht reizüberflutete Umgebung für sein Kind? Wie wirkt sich eine permanente Geräuschkulisse wie ein immer laufender Fernseher aus? Müssen Spielzeuge schrille Töne von sich geben? Bietet das Smartphone kleinkindgerechte Unterhaltung, oder dient es nur dem Ruhigstellen des Kindes? Und welche Konsequenzen kann dieses vermeintliche Ruhigstellen in der Folge haben? Natürlich auch die grundsätzliche Frage: Wie sehr kann man die positive Entwicklung eines Kindes mitgestalten, indem es bis zu einem gewissen Alter überhaupt keine Screentime gibt? Wie wirkt sich das später auf die Konzentrationsfähigkeit, aber auch Ausdauer beim Lernen aus?

Eltern können aber auch zu einer guten Sprachentwicklung beitragen. Wichtig ist zu vermitteln: Es ist besser, mit dem Kind in der (hoffentlich) reichen eigenen Erstsprache zu sprechen als in einem vielleicht nicht so perfekten Deutsch. Deutsch erlernt das Kind später gut auch im Kindergarten sowie in der Schule. Wichtig ist aber, dass sich das Kind kompetent und sicher in einem Sprachsystem bewegen kann und über einen guten Wortschatz verfügt.

Was können Eltern dafür zum Beispiel konkret tun? Zunächst einmal im Alltag mit dem Kind möglichst viele Gegenstände benennen und Tätigkeiten beschreiben, die sie gerade ausführen. Ein solcher Monolog könnte so aussehen: „Ich wasche jetzt das Geschirr ab. Zuerst nehme ich diesen Teller und spüle ihn kurz unter dem Wasserhahn mit Wasser ab. Dann stelle ich ihn in den Geschirrspüler." Auch wenn das Kind selbst noch nicht viel sprechen kann, wird es sich die Worte merken. Vielleicht sagt es dann aber auch schon etwas wie „Assa" und meint Wasser. Oder es assoziiert selbst und formuliert: „Teller schmutzig".

Wichtig ist auch das Vorlesen – egal in welcher Sprache. Kindern Geschichten vorzulesen, aber auch einfach zu erzählen, ist sprachfördernd, sorgt aber auch für qualitätsvolle gemeinsame Zeit. Nämliches gilt für das gemeinsame Singen von Kinderliedern. Und bevor man das Kind vor dem Fernseher platziert, damit es beschäftigt ist und man selbst etwas anderes tun kann, ist es besser, Hörspiele laufen zu lassen. Dabei kann das Kind zwar nicht, wie beim Vorlesen, nachfragen oder auf Bilder im Buch zeigen und dazu etwas erzählen, aber dennoch: Vor allem in der Wiederholung lernen Kinder auch dabei sehr viel, vom Sprachrhythmus über Satzbau und Grammatik bis zum Wortschatz.

Was eine solche Elternschule, die in der Praxis eher so etwas sein wird wie ein rund 20 Stunden umfassender Kurs, aufgeteilt auf die letzten drei bis vier Monate der (ersten) Schwangerschaft eines Paares, erreichen könnte, ist essenziell. Eltern wüssten dann, dass sie nicht nur eine Menge Geld sparen, wenn sie ihrem Säugling und Kleinkind keine Säfte, sondern Wasser oder ungesüßten Tee zu trinken geben, sondern auch seinen Zähnen und seiner Gesundheit insgesamt Gutes tun. Kleinkinder dürften dann vielleicht mehr Zeit mit Knetmasse, Sand, Gatsch, Teig, Wasser, Fingerfarben und vor allem im Freien verbringen, als mit dem Smartphone (vermeintlich) gut beschäftigt zu werden. Sie würden auf ihre Fragen vielleicht konstruktive Antworten bekommen, statt „nicht jetzt", „das verstehst du noch nicht", „sei ruhig" oder „komm, geh spielen".

Und ja, natürlich sind Eltern oft unter Druck und können nicht immer alles richtig machen. Es wird Situationen geben, in denen das Handy dann doch gute Dienste leistet. Aber oft hilft schon ein bisschen Information, um Bewusstsein zu schaffen. Am Ende will jede Mutter und jeder Vater das Beste für ihr oder sein Kind. Überfordernde Situationen kennen alle Eltern – wer mehr weiß, kann sich aber im Vorfeld schon besser organisieren und damit vieles abfedern.

Wer weiß, dass Kindern Routinen und Rituale helfen, dass Bewegung und Spiel im Freien wichtig sind, dass Kinder aus einfachsten Materialien selbst Spiele kreieren können, wenn man sie denn nur lässt, und sie dann auch einmal Küchenutensilien benutzen dürfen, um Musik zu machen oder mit echtem Mehl und echtem Zucker und Wasser eine imaginierte Speise zusammenrühren, der wird dies vielleicht ab und zu auch ermöglichen. Wissen macht Fortschritt möglich. Immer. Für alle. Dazu muss es aber auch möglichst gerechten Zugang zu Wissen geben. Und für den müssen wir als Gesellschaft sorgen.

Epilog

Schon nachdem der Verlag, in dem nun auch diese Streitschrift erschienen ist, eine Vorschau für das Programm veröffentlicht hatte (aber das Buch noch nicht fertig geschrieben war), ereilten mich – allein aufgrund des Buchtitels – verschiedenste Reaktionen. Sie reichten von „Oh, das interessiert mich“ und „Klingt spannend“ bis hin zu mehreren Fragen à la: „Hast du auch an das Thema XYZ gedacht?“, „Werden Sie auch das Thema ABC behandeln?“, „Sie dürfen den Aspekt 123 nicht vergessen!“ Was dabei spürbar wurde: Die meisten erwarteten ein Buch, das all die Missstände im Schulsystem beschreibt, mit denen Schülerinnen, Eltern, Pädagoginnen, Schulleitungen Tag für Tag konfrontiert sind.

Ohne allzu viel zu verraten, erwiderte ich dann: Es wird etwas anderes. Es wird ein Entwurf für ein Schulsystem, ein Plädoyer, die Dinge besser zu machen, anstatt in der Kritik zu verharren. „An welchem Schulsystem in welchem Land orientierst du dich/orientieren Sie sich da?“, hörte ich dann. Doch nein, ich muss euch/Sie auch da enttäuschen. Natürlich gibt es in vielen Ländern, an vielen Schulen spannende Unterrichtsansätze. Dazu zähle ich persönlich beispielsweise gut geführte Montessori-Einrichtungen wie das Children's House in Wien-Donaustadt oder den Montessori-Campus in Wien-Hütteldorf.[36] Dort bemüht man sich, jedem einzelnen Kind gerecht zu werden (was auch keine Garantie ist, dass es für alle gelingt). In der Montessori-Pädagogik befasst sich jedes Kind mit der Materie, die es gerade interessiert. Spezielle Materialien ermöglichen es den Kindern zudem, vieles selbst zu entdecken und sich selbst beizubringen. Pädagoginnen sind aber immer da, geben Anregungen, helfen bei Bedarf weiter. Sie achten im Hintergrund auch darauf, dass ein Kind zum Beispiel nicht nur monatelang rechnet oder sich mit dem Planetensystem befasst, sondern sich alle Bildungsinhalte nach und nach aneignet. Sie wissen aber, wann bei welchem Kind welches Zeitfenster für welches Thema offen ist. Diese sehr individuelle Unterrichtsmethode setzt bei der Neugierde und dem Interesse von Kindern an. Beides sind große Motivatoren, so stellen sich Lernerfolge quasi von selbst ein. Aus dem Kindergarten ist das Schlagwort „spielerisch lernen" bekannt. Die Montessori-Pädagogik setzt dieses Prinzip in der Schule fort. Dabei setzt sie stark auf Selbstständigkeit und Selbstermächtigung, beides fördert wiederum das Selbstwertgefühl. Und genau darum geht es: zu versuchen, jedem einzelnen Kind und jedem einzelnen Jugendlichen gerecht zu werden.

Man kann sich nun ansehen, welches Schulsystem weltweit die besten Ergebnisse erzielt, wie dies etwa die PISA-Studie versucht (und wo Österreich eher mittelmäßige Ergebnisse einfährt).[37] Nur da beginnt ja schon das Problem: Die besten Ergebnisse aus welcher Perspektive? Sind in jedem Land und in jeder Gesellschaft dieselben Kompetenzen wichtig? Geht es um die Spitzenleistungen einzelner Schülerinnen? Oder darum, dass möglichst viele Jugendliche eines Jahrgangs einen Bildungsabschluss vorweisen? Sieht man sich auch die psychische Gesundheit von Kindern und Jugendlichen an? Wie sehen generell die Rahmenbedingungen im betreffenden Land aus? Gibt es ein weitgehend öffentliches Schulsystem, oder erhält nur derjenige gute Bildungschancen, der aus einer Familie kommt, die sich eine gute Schule leisten kann? Eben.

Natürlich können Best-Practice-Modelle helfen, das Rad nicht völlig neu zu erfinden. In diesem Zusammenhang wird immer wieder Finnland genannt.[38] Was macht Finnland anders als andere Länder? Es bildet seine Pädagoginnen gut aus. Lehrerinnen sind in der Gesellschaft hoch angesehen. Vor allem aber: Die Schülerinnen und ihre Bedürfnisse werden in den Mittelpunkt gestellt.[39] Gleichzeitig verzichtet man in Finnland auf Rankings. Nur wie sieht der Weg dorthin aus? Finnland setzt zum Beispiel auf pointierte Individualisierung.

Da sind also zum einen die augenfälligsten Lösungsansätze: Es braucht eine vollständige und endgültige Abkehr vom Frontalunterricht[40] (wie dies aber schon von vielen Pädagoginnen gelebt wird), es braucht massive Motivationsarbeit. Es geht darum, Schülerinnen für Inhalte zu begeistern. All das gelingt tendenziell in kleineren Gruppen besser als in großen Klassen. Aber am Ende geht es auch darum, dass eine erworbene Qualifikation auch tatsächlich widerspiegelt, was eine Schülerin kann.

Dafür braucht es auch eine Änderung des Mindsets von allen. Von Pädagoginnen, die die Verantwortung für die Leistungen der Schülerinnen mitübernehmen. Von Eltern, die die Lehrerinnen ihrer Kinder wertschätzen. Von den Schülerinnen selbst, die sich umstellen müssen: Es geht eben nicht darum, das nötige Papier – in diesem Fall den Pflichtschulabschluss oder das Maturazeugnis – vorweisen zu können, aber dann nicht über die entsprechenden Skills zu verfügen, wie dies etwa immer wieder lehrlingsausbildende Betriebe beklagen.[41][42] Österreich ist eben nicht Finnland. Und daher muss man überlegen, wie man in Österreich Dinge ändern kann. Wo muss man da ansetzen?

Vieles im österreichischen Bildungssystem ist aus der Geschichte heraus zu erklären. Nein, Zustände wie in Friedrich Torbergs

„Der Schüler Gerber" aus dem Jahr 1930 gibt es nicht mehr. Aber es besteht immer noch ein massives Ungleichgewicht zwischen Pädagoginnen und Schülerinnen. Kinder und Jugendliche wissen, dass sie am Ende immer am sprichwörtlichen kürzeren Ast sitzen. Eltern wissen das ebenso. Und genau mit diesen autoritären Anflügen, die bis heute teils spürbar sind, muss endlich Schluss sein.

Andere Parameter des hiesigen Schulsystems sind nicht einmal mehr mit den gesellschaftlichen Realitäten zu argumentieren. Diese würden schon seit vielen Jahren eine Ganztagsschule erfordern. In vielen Familien ist es gar nicht mehr möglich, mit einem Gehalt auszukommen, selbst wenn ein Elternteil gerne zu Hause bliebe, um sich um das Kind zu kümmern, auch wenn dieses kein Säugling oder Kleinstkind mehr ist. Viele Mütter arbeiten derzeit allerdings länger als nötig Teilzeit, um ihr Kind, ihre Kinder dann zu betreuen, wenn der Kindergarten oder die Schule nicht mehr geöffnet hat und es keine andere Betreuungsmöglichkeit gibt.

Daher war es mir ein Anliegen, zu versuchen, ein Bildungssystem zu skizzieren, das vieles zum Besseren bewegen könnte. Sehen Sie es als Diskussionsvorschlag, um ins Gespräch zu kommen. Fallen Ihnen noch weitere verbesserungswürdige Aspekte ein? Geht Ihnen manches nicht weit genug? Oder schwebt Ihnen überhaupt ein völlig anderes Modell eines besseren Schulsystems vor? Wunderbar. Nichts ist sakrosankt, über alles kann geredet werden. Aber eben: Es muss geredet werden. Und nicht nur das. Die Schule muss reformiert werden. Sofort. Und davon gilt es die Bildungspolitik zu überzeugen.

Die Antwort, die ich nicht hören möchte, ist: „Das geht nicht, weil …" Alles geht, wenn sich viele darum bemühen. Es ist an der Zeit, sich im Sinn der Kinder um eine Schulreform zu bemühen, die tatsächlich revolutionär ist. Und es ist an der Zeit, damit aufzuhören, alles im Keim zu ersticken, weil die Dinge dann nicht mehr so wären, wie sie immer schon waren. Oder weil dann im Gefolge ganz viel zu ändern wäre: das Lehrerinnendienstrecht beispielweise. Was ich aber schon gar nicht hören möchte, ist das Totschlagargument schlechthin: Das ist nicht finanzierbar.

Ja, vordergründig kostet ein völlig neu aufgesetztes Schulsystem sehr viel Geld. Es muss in Schulneu- und umbauten investiert werden, in die Erarbeitung neuer Curricula, die sich dann in den Levels abbilden, die für die einzelnen Bildungsabschlüsse erreicht werden müssen. Es muss eine neue, zentrale Prüfungsorganisation etabliert werden. Durch kleinere Klassen- und Gruppengrößen, den ganztägigen Unterricht sowie die multiprofessionellen Teams wird auch der Personalbedarf stark steigen. Aber einerseits decken all sie teils Leistungen ab, die derzeit schon erfolgen, nur auf anderer Ebene, wie Nachmittagsbetreuung durch private Trägervereine oder Therapien, die teils von den Krankenkassen bezahlt, teils von den Eltern finanziert werden. Auch Sozialarbeit gibt es bereits. Am Ende wird es also auch darum gehen, Finanztöpfe, die es schon gibt, aus anderen Ressorts (etwa dem Familienministerium, dem Justizressort, dem Gesundheitsministerium) in Richtung Schulen zu verlagern.

Aber natürlich wird hier auch viel zusätzliches Geld in die Hand genommen werden müssen. Das geht nicht? Das wäre nur Traumtänzerei, nicht realisierbar, vorbei an den Möglichkeiten des Staatshaushalts? Nein, das denke ich nicht. Gerade in den vergangenen Jahren hat der Staat, hat die Regierung gezeigt, welche Summen lockergemacht werden können, wenn es wichtig erscheint. 2020 wurden in Österreich 14,425 Milliarden Euro für Corona-Hilfen und -Maßnahmen ausgegeben, 2021 waren es 18,974 Milliarden Euro.[43] Zum Vergleich: 2020 gab die öffentliche Hand laut Statistik Austria

21,576 Milliarden Euro für Bildung aus (in dieser Zahl sind auch Universitäten und Fachhochschulen inkludiert).[44] Wir alle müssen endlich verstehen, dass das Bildungssystem eine genauso wichtige Angelegenheit wie das Bekämpfen von Arbeitslosigkeit oder die Unterstützung von Wirtschaft und Landwirtschaft ist, zumal auch hier gilt: Das eine greift in das andere. Kein Bereich ist isoliert zu betrachten.

Die entscheidende Frage ist daher: Welche Folgekosten werden durch ein solches Schulsystem verhindert? Und welche anderen Problemstellen der Gesellschaft könnten so gleichzeitig behoben werden? Jugendliche, die aus dem Schulsystem herausfallen, ohne einen Bildungsabschluss gemacht zu haben, sind potenziell später eher armutsgefährdet, entweder weil sie gar keinen Job finden oder sich von Niedriglohnjob zu Niedriglohnjob hanteln. Armut wiederum ist der Gesundheit nicht zuträglich.[45]

Es ist aber nicht nur im Sinn des Individuums, dass Jugendliche gut ausgebildet werden, sondern auch im Sinn der Allgemeinheit. Seit Jahren ist der Pflegenotstand ein Thema, der durch die Covid-Krise noch verschärft wurde.[46] Aber auch in vielen anderen Branchen fehlen Arbeitskräfte.[47] Wie der Österreichische Gewerkschaftsbund immer wieder argumentiert, sind daran auch die Rahmenbedingungen – also Arbeitszeit und Dienstplangestaltung, Entlohnung – mitschuld.[48] In vielen Branchen fehlen aber schlicht entsprechend ausgebildete Arbeitskräfte. Betriebe suchen händeringend nach Technikerinnen und vor allem IT-Technikerinnen sowie Handwerkerinnen aus verschiedensten Branchen von Brunnenbauerinnen bis zu Asphaltiererinnen.[49]

Betriebe, die wegen Personalmangel nicht die Wirtschaftsleistung erbringen können, die sie erbringen könnten. Infrastrukturprojekte, die sich dadurch verzögern. Familien, die nicht wissen, wie sie die Pflege von Angehörigen organisieren können und daher ein Familienmitglied die eigene Erwerbstätigkeit an den Nagel hängen muss, um diese Care-Arbeit zu übernehmen. Medizinisches Personal, das in ein Burnout schlittert, weil es zu wenige Kolleginnen gibt, um eine für alle verträgliche Aufteilung der Arbeit zu ermöglichen. Ein Fachkräftemangel macht sich auf vielen Ebenen bemerkbar – und betrifft am Ende alle. Und genauso käme auch ein gut funktionierendes Bildungssystem allen zugute.

Profitieren würden die Kinder, die derzeit aufgrund ihrer sozialen Herkunft wenig Chancen haben, eine Bildungslaufbahn ihren Talenten entsprechend zu durchlaufen. Profitieren würden aber auch die Arbeitgeberinnen, die dann leichter gut ausgebildete Arbeitskräfte finden. Profitieren würde zudem das gesellschaftliche Gesamtklima. Die Vereinbarkeit von Beruf und Familie wäre endlich gegeben. Es wäre ein weiterer Schritt in Richtung Geschlechtergerechtigkeit, und die Demokratie würde gestärkt.

Gesundheitliche Probleme im Kinder- und Jugendalter würden sofort angegangen, und damit würde auch späteren gesundheitlichen Problemen vorgebeugt. Durch eine sofortige und adäquate Versorgung auch im Fall psychischer Erkrankungen wird vielen Kindern und Jugendlichen ein langer Leidensweg erspart. Sie erhalten sofort die medikamentöse Behandlung oder Therapie, die sie brauchen, und müssen nicht wie derzeit feststellen, dass es für sie heißt: Leider haben wir keinen Therapieplatz für dich, oder: Leider, leider können deine Eltern keine Therapie für dich bezahlen.

Wer eine gerechtere Gesellschaft will, muss ganz am Anfang ansetzen. Und der Anfang, das sind in diesem Fall die Kinder. Für sie müssen wir einen völligen Neuanfang wagen. In diesem Sinn: Zerschlagt das Schulsystem! Und baut es neu.

Danksagung

Es gibt bequeme Bücher und unbequeme, garantierte Selbstläufer und solche, mit welchen ein Verlag etwas wagt. Ich möchte an dieser Stelle Stefanie Jaksch danken, dass sie in ihrer Programmerstellung nicht nur Bücher drucken, sondern mit ihnen auch etwas verändern möchte – und daher zugestimmt hat, dieses Buchprojekt umzusetzen. Manchmal braucht es für Veränderung das Drehen kleiner Schrauben, in anderen Fällen darf kein Stein auf dem anderen bleiben. Vielleicht ist dieses Buch eine kleine Schraube für den Start des Arbeitens an dieser riesigen Baustelle. Lucia Marjanović hat mit ihrem umsichtigen Lektorat und wichtigen Nachfragen dafür gesorgt, dass aus diesem Manuskript ein in sich schlüssiges Konzept wurde. Danke auch dafür!

Danke möchte ich an dieser Stelle aber auch all jenen Pädagoginnen, Schuldirektorinnen, Eltern, Schülerinnen sagen, mit denen ich in den vergangenen Jahren Interviews oder Off-the-record-Gespräche führen oder mit welchen ich mich gänzlich informell austauschen durfte. Es waren nicht zuletzt diese Gespräche, die mich darin bestärkten, dass es einen umfassenden Systemwandel braucht, weil mit der Schule von heute niemand wirklich zufrieden ist und Chancengleichheit für alle Kinder immer noch nur ein Ideal, aber nicht Realität ist.

Last but not least geht mein Dank an meine Familie, die mich aushalten muss, wenn ich mir wieder einmal zu viel Arbeit aufgeladen habe und dann nur mehr gegen die Zeit anschreibe. Doch ihr seid dann immer unterstützend und versucht, mir Dinge, die zu erledigen sind, aus dem Weg zu räumen und mir Freiräume zu schaffen. Thanks for that!

Anmerkungen

1 https://www.derstandard.at/story/2000132549625/die-qualen-der-schulwahl-volksschulkinder-am-scheideweg

2 https://www.wifo.ac.at/news/bildungsstudie_in_basiskompetenzen_investieren

3 https://www.nachrichten.at/panorama/chronik/jeder-dritte-schueler-kommt-laut-umfrage-im-mathematik-unterricht-nicht-mit;art58,3477633

4 https://orf.at/stories/3234904/

5 https://www.derstandard.at/story/2000126944978/deutsch-matura-reif-fuer-gestutzte-fluegel

6 https://www.bmbwf.gv.at/Themen/schule/bef/nbb.html

7 Hintergrund zu dem hier angewandten Punktesystem: Bei der Ausgangsmessung 2010 wurden 500 Punkte als Mittelwert festgelegt. Die Abweichung vom Wert 500 entspricht dem jeweiligen Ausmaß der Veränderung gegenüber 2010. Siehe auch: Bundesergebnisbericht der Bildungsstandardüberprüfung Mathematik in den vierten Schulstufen von 2018, S. 66

8 https://www.derstandard.at/story/2000134747611/hilfeschrei-der-schuldirektoren-in-richtung-bildungsminister

9 https://awblog.at/bildungsgerechtigkeit-locked-down/

10 https://www.diepresse.com/5743387/arm-oder-reich-oesterreich-ist-keine-mittelschichtsgesellschaft

11 https://kurier.at/politik/inland/zeugnis-fuer-die-schulen-das-sind-die-10-groessten-probleme/400057319
https://tirol.orf.at/stories/3086480/

https://www.wienerzeitung.at/nachrichten/politik/oesterreich/2015938-Viele-Bildungsabbrecher.html
https://www.profil.at/oesterreich/klassenlotterie-so-ungerecht-ist-das-oesterreichische-schulsystem/401798104

12 https://www.trend.at/wirtschaft/unternehmen-suchen-lehrlinge-11889187#

13 https://irihs.ihs.ac.at/id/eprint/5039/1/ihs-policybrief-lassnigg-steiner-2109-selektion_dropout_bildungsabbruch.pdf

14 https://www.meduniwien.ac.at/web/ueber-uns/news/news-im-maerz-2021/16-prozent-der-schuelerinnen-haben-suizidale-gedanken/

15 https://www.ey.com/de_at/news/2022/01/ey-at-mittelstands-barometer-2022-fachkraeftemangel

16 https://steiermark.orf.at/stories/3128776/

17 https://www.meinbezirk.at/salzburg-stadt/c-lokales/salzburger-seniorenheim-bolaring-steht-vor-dem-aus_a5232610

18 https://wien.orf.at/stories/3151758/

19 https://www.wienerzeitung.at/nachrichten/politik/oesterreich/2100151--Immer-weniger-Kinder-Vetragsaerzte.html

20 https://www.moment.at/story/kindergartenpaedagogin-dringend-gesucht-dabei-gaebe-es-genug

21 https://kompetenz-online.at/2020/09/21/zu-wenige-paedagoginnen-fuer-zu-viele-kinder/

22 https://www.bmfsfj.de/resource/blob/95342/bfb37cd96cecee0df26938510873c319/spielt-das-geschlecht-eine-rolle-tandem-studie-kurzfassung-data.pdf

23 https://www.europaeischer-referenzrahmen.de/

24 https://www.schoolcounselor.org/About-School-Counseling/School-Counselor-Roles-Ratios

25 https://www.spektrum.de/news/wann-schliesst-sich-das-zeit-fenster/1562562

26 https://www.news4teachers.de/2015/11/schlafmediziner-empfehlen-schulbeginn-um-9-uhr-natuerlicher-lebensrythmus/

27 https://www.kleinezeitung.at/oesterreich/6131539/Kritik-an-Bildungsminister_Der-lange-Weg-zur-digitalen-Schule

28 https://www.sn.at/leben/gesundheit/orthopaeden-geben-tipps-fuer-die-richtige-schultasche-16378738

29 https://www.arbeit-wirtschaft.at/interview-ilkim-erdost/

30 https://infrastruktur.oebb.at/de/unternehmen/fuer-oesterreich/zukunft-bahn-zielnetz

31 https://www.wko.at/service/bildung-lehre/Ausbilder.html

32 https://www.wko.at/service/bildung-lehre/lehre-matura.html

33 https://www.sozialministerium.at/Themen/Pflege/Pflegereform/Ausbildung-in-der-Pflege.html

34 https://www.lehramt-nordost.at/

35 https://www.parlament.gv.at/PAKT/PR/JAHR_2021/PK0734/#

36 Auch zu Maria Montessori gibt es rückblickend eine kritisch-historische Auseinandersetzung. Ein Beispiel findet sich hier. https://www.furche.at/gesellschaft/montessori-die-scheinheilige-maria-8339289 Und es gibt auch in Österreich heute gute und weniger gute Umsetzungen der Montessori-Pädagogik, daher verweise ich bewusst auf die zwei genannten Einrichtungen, die das Konzept weiterentwickelt und so auch passend für das 21. Jahrhundert gestaltet haben.

37 https://www.oecd.org/berlin/themen/pisa-studie/

38 https://okm.fi/en/education-system

39 https://okm.fi/en/koulutusjarjestelman-erityispiirteet

40 https://www.science.org/doi/10.1126/science.abj9957

41 Eine Umfrage unter Lehrlings-ausbildenden Betrieben in Niederösterreich kurz vor Beginn der Pandemie, in laut der beklagt wird, dass die schulische Ausbildung zu wünschen übrig lässt: https://www.noen.at/niederoesterreich/wirtschaft/umfrage-lehrlinge-zu-finden-wird-aufwendiger-niederoesterreich-redaktionsfeed-lehrlinge-wirtschaftskammer-wirtschaftskammer-noe-thomas-salzer-161249887

42 Die Covid-19-Pandemie hat diese Situation noch verschärft: https://www.derstandard.at/story/2000124122351/vier-von-zehn-betrieben-finden-keine-lehrlinge

43 https://www.derstandard.at/story/2000133673484/wie-oesterreich-corona-hilfen-mit-der-giesskanne-ausschuettete

44 https://www.statistik.at/fileadmin/pages/331/StaatlicheBildungsausgaben2020_Ausgabenart_Bildungseinrichtung_Gebietskoerperschaft.pdf

45 https://www.volkshilfe.at/fileadmin/user_upload/Media_Library/Bilder/Bilder_nach_Themen/Kinderarmut/Volkshilfe_Analyse_EU_SILC_Fact-Sheet.pdf

46 https://www.wifo.ac.at/news/bis_2030_rund_24000_pflegekraefte_mehr_noetig

47 https://oesterreich.orf.at/stories/3141165/

48 https://www.oegb.at/themen/arbeitsmarkt/arbeitsmarktpolitik/studie-belegt--fachkraeftemangel-ist-hausgemacht-

49 https://wien.orf.at/stories/3147572/

Dieser Text wurde aufgrund der besseren Lesbarkeit meist in der weiblichen Form verfasst. Selbstverständlich sind alle Menschen gemeint.

Impressum
www.kremayr-scheriau.at

ISBN 978-3-218-01353-6

Coverdesign, typografische Gestaltung und Satz: Sophie Gudenus
Lektorat: Lucia Marjanović
Druck und Bindung: Finidr, s.r.o., Czech Republic